Croisière en Langue Française

Escales Grammaticales

Corrigés

Stella J. Cohen-Scali

Washington, DC

Copyright © 2019 by Stella J. Cohen-Scali

New Academia Publishing, 2020

All rights reserved. No part of this book may be reproduced or transmitted in any form or by any means, electronic or mechanical, including photocopying, recording, or by any information storage and retrieval system.

Library of Congress Control Number: 2018954406

ISBN 978-0-9995572-5-9 paperback (alk. paper)

4401-A Connecticut Ave. NW, #236, Washington DC, 20008
info@newacademia.com - www.newacademia.com

LES FAMILLES

En 2018, **la** famille présente différentes facettes : il peut s'agir **d'une** famille traditionnelle dans laquelle il y a **un** père, **une** mère et **des** enfants. Parfois, **le** couple ne s'entend plus, divorce et **les** pitchouns vont habiter soit avec **le** père, soit avec **la** mère. Si l'un d'eux se remarie avec **une** personne ayant également **des** bambins, ce nouveau groupe s'appelle **une** famille recomposée. S'il n'y a pas **de** conjoint, donc, dans le cas **d'une** mère ou **d'un** père célibataire, il est question **d'une** famille monoparentale.

Quelle que soit **la** composition de **la** famille, quand il y a **des** gosses (adoptés ou pas), **les** grands-parents aiment s'occuper de leurs petits-enfants. Il arrive que **les** aïeuls les accueillent pendant un certain temps, pour diverses raisons : **le** fossé entre les générations et par conséquent, **le** manque de communication, semblent à l'origine **des** problèmes au sein du cocon familial. Les adultes et leur progéniture ne s'entendent pas très bien parce qu'ils ne partagent pas **les** mêmes idées : par exemple, un ado désire sortir avec l'une de ses connaissances, mais ses parents n'aiment pas l'individu, ou bien l'enfant préfère **les** jeux vidéo à **une** sortie en famille. Ces jeunes ne savent pas que leurs parents font **des** sacrifices pour eux et font attention à eux.

Au vingt et unième siècle, **la** famille telle que la connaissaient sans doute vos grands-parents n'est plus **le** modèle familial, mais **un** modèle familial.

LÉONARD ET SA FAMILLE

Je m'**appelle** Léonard, et vous, comment vous **appelez**-vous ?

Ma famille et moi, nous **venons** de Suisse, mais mon grand-père **vient** d'Italie. Je **ne suis pas** français, mais je **parle** français. Et vous ? Je **pense** que vous **êtes** francophile puisque vous **apprenez** le français au collège ou à l'université. Tous les étudiants **apprennent**-ils une langue étrangère ? Mes frères et moi, nous **avons** des amis qui **étudient** l'espagnol, l'italien, l'allemand, le chinois et le français. Même notre future belle-sœur **veut** apprendre la langue officielle parlée dans l'Hexagone.

Après leur mariage, un de mes frères et sa femme **vont** vivre à Dax. **Pouvez**-vous imaginer habiter dans un pays où il vous serait impossible de vous faire comprendre ? Quel problème ! Par conséquent, chaque jour, après son travail, sa fiancée **rentre** chez elle, **boit** une tasse de café, **met** un jean et un pull, et **va** dans son bureau où il y **a** un ordinateur devant lequel elle **s'assied**. Elle **sait** qu'elle **doit** maîtriser la langue de Molière. Afin de progresser rapidement, elle **écrit** les réponses aux questions qu'elle **entend** et les **répète** plusieurs fois à voix haute. Ses deux sœurs **croient** qu'il lui faudra au moins six mois pour s'exprimer couramment. Je **ne pense pas** comme elles : si on est motivé, on **apprend** très vite.

Quant à mes parents, tous les deux ans, eux et moi, nous **déménageons**. Nous **commençons** à aimer l'endroit où nous **vivons** et puis, nous **partons** à cause du travail de mon père. Ma tante m'**envoie** toujours des colis remplis de bouquins ; elle m'**offre** des romans d'aventures parce que je **préfère** ce genre d'histoires et elle en **achète** plusieurs. Quand je les **reçois**, je lui **écris** pour la remercier.

Lire étant mon passe-temps favori, je **lis** un livre par jour pendant les vacances. Quand j'**entame** une lecture passionnante, je **ne peux pas** m'arrêter. **Connaissez**-vous des personnes comme moi ? Que **faites**-vous quand vous **lisez** un récit qui vous **tient** en haleine ?

LES SOUVENIRS DE JEUNESSE DE LEONARD

Dans ma jeunesse, ma famille et moi **habitions** dans une maison à deux étages près de la mer. **J'adorais** jouer au frisbee dans notre grand jardin. Quand je **rentrais** chez nous, je **me lavais** les mains dans la petite salle de bains carrelée (à droite de l'entrée) dans laquelle mes parents avaient fait installer une douche, un lavabo et des WC. Ensuite, je **montais** quatre à quatre les escaliers pour me rendre dans ma chambre qui **était** toujours en désordre : je **ne faisais jamais** mon lit et je **mettais** habituellement l'édredon sur mon fauteuil. Arrivé dans la pièce, je **jetais** mes affaires dans un coin et je **m'installais** à mon bureau, devant mon ordinateur où je **surfais** sur le net.

Vers 19h00, Maman **m'appelait** parce que nous **devions** nous mettre à table. Nous **mangions** rarement dans la cuisine et mes frères **préféraient** s'attabler dans la salle à manger parce qu'ils **pouvaient** regarder leur émission favorite « Questions pour un champion ». Pendant que ma mère **réchauffait** le repas, mon père, mes frères et moi **parlions** de notre journée. Chaque vendredi soir, après dîner, nous **aimions** nous retrouver dans le grenier aménagé en coin cinéma.

Un vendredi soir, Papa nous **a dit** que nous irions nous installer en ville à cause de son travail et que nous emménagerions dans quelques semaines. Le lendemain matin, il **faisait** beau et mon père nous **a emmenés** visiter notre nouvel appartement qui **se trouvait** dans un quartier résidentiel très calme. Pour accéder à notre future demeure, il **fallait** prendre l'ascenseur puisque notre logement **se situait** au troisième étage (mais pour nous rendre à la cave, au sous-sol, il **était** nécessaire de descendre les escaliers). Quand nous y **sommes entrés**, nous **avons vu** sur notre droite, une grande salle vide et sur notre gauche, une belle cuisine bien équipée. Puis, nous **avons découvert** quatre pièces où il n'y **avait** aucun mobilier et **j'ai imaginé** ma chambre dans celle où je **me tenais**.

Après la visite, mon père **a téléphoné** à l'agent immobilier parce que mes parents **devaient** le rencontrer. Suite à ce coup de fil, nous **sommes montés** dans la voiture. Mon père **conduisait** depuis dix minutes quand nous **avons entendu** un drôle de bruit qui **provenait** du véhicule…

A LA PECHE

De nos jours, bien des années plus tard, assis au port et assistant à la vente de thon à la criée, Léonard parle de son enfance à Sophie, une amie.

Léonard — A l'âge de dix ans, j'ai demandé à mon père de m'emmener à la pêche avec lui. Quand il **faisait** beau et s'il **ne pleuvait pas**, nous **allions** pêcher dans un fleuve qui **se trouvait** près de notre maison. En général, nous la **quittions** vers 7h00 et je **marchais** d'un pas alerte pour parvenir au plus vite là où nous pêcherions.

Sophie — Mais que **faisiez**-vous avant votre départ ? Vous **vous leviez** tôt !

Léonard — C'est vrai. Je **me réveillais** vers 6h00 et pendant que mon père **préparait** notre attirail de pêche, je **me lavais** dans la salle de bains et je **me séchais** avec les serviettes que ma mère **avait changées** avant que je ne me lève. Après m'être habillé (je **portais** toujours un short et un T-shirt), je **descendais** les escaliers pour me rendre dans la cuisine où **m'attendait** le petit déjeuner que ma chère maman **avait préparé** et que je **prenais** à grande vitesse parce que je **voulais** partir. Je **savais** qu'elle ne me laisserait pas sortir si je **ne mangeais pas** tout ce qu'il y avait dans mon assiette. Alors, je **finissais** ce qu'elle **m'avait servi** et je **buvais** deux verres de lait froid. A sa grande surprise, elle **disait** que personne **n'était** en retard quand il **s'agissait** de s'amuser. Avant de lui dire au revoir, je **mettais** de la crème solaire parce que **j'avais** la peau qui **rougissait** au lieu de bronzer.

Sophie — Ah ! Je connais ce problème. Quand **j'allais** à la pêche avec mon père, je **devenais** rouge comme une écrevisse même si je **me protégeais** du soleil avec huile solaire et parasol. Pardon de t'avoir interrompu.

Léonard — Ce n'est rien. En chemin, je **chantais** des chansons que mon père **m'avait apprises**, je **courais** pour qu'il avance rapidement, mais je **devais** souvent l'attendre. Quand il me **rattrapait**, je lui montrais les coccinelles que **j'avais ramassées** dans l'herbe et que **j'avais mises** dans une petite boîte en carton afin de compter les pois noirs. **J'étais** heureux et je **ne m'ennuyais jamais**. Un jour, je lui ai fait découvrir une plante un peu étrange. Arrivés au fleuve, mon papa et moi **cherchions** un coin paisible et nous **nous installions**. J'aurais voulu lancer de petits cailloux dans l'eau, mais il me **disait** qu'il **ne fallait pas** le faire pour que les poissons ne s'en aillent pas. Un peu plus tard dans la matinée, d'autres pêcheurs **venaient** au même endroit et ensemble, nous **attendions** patiemment que les poissons mordent à l'hameçon. Et soudain, quand quelqu'un **voyait** son flotteur disparaître dans l'eau, il **criait** à tue-tête qu'il **avait attrapé** quelque chose. En fin d'après-midi, nous **prenions** tous le chemin du retour avec nos paniers remplis ou vides. Lorsque la pêche **avait été** bonne, nous la **partagions** avec nos voisins. Te demandes-tu si **j'étudiais** dès que je **rentrais** chez moi ? Est-ce que **j'écrivais** des compositions ou **lisais** des histoires fabuleuses ? Une fois à la maison, je **me douchais** et puis je **faisais** mes devoirs de vacances avant de dîner.

Sophie   - Moi, en été, à dix ans, je **me levais** de très bonne heure et je **faisais** les miens avant d'aller faire de la voile avec mon père.

Et vous, chers apprenants, à cet âge-là, **aviez**-vous des exercices à finir après avoir eu une longue journée amusante ? Comme beaucoup d'enfants, vous **deviez** être contents d'avoir passé du temps avec votre père.

OU MES AFFAIRES SONT-ELLES ?

Léonard relate un épisode de sa jeunesse à Sophie.

Léonard — Enfant, seul dans **ma** chambre, chez **mes** parents, presque tous les matins se ressemblaient. Voici un dialogue que j'avais assez souvent avec **ma** mère : « (à voix basse) Où est-ce que j'ai mis **mon** livre favori ? Et **ma** trousse bleue ? Oh ! Zut ! Je ne trouve pas **mes** affaires.

(à voix haute) Maman, j'ai besoin de **ton** aide, je cherche **ma** nouvelle calculatrice, **mon** crayon de couleur rouge, **ma** veste grise, ...

Sa mère — **Tes** affaires se trouvent là où tu les as posées hier. **Ta** chambre laisse à désirer avec ce désordre. Heureusement que **tes** frères rangent **la leur**. Ils partagent **leur** chambre et elle ne ressemble pas à **la tienne**.

Léonard — **La mienne** est plus petite que celle de **mes** frères.

Sa mère — Viens prendre le petit déjeuner ! **Ton** père et moi avons déjà pris **le nôtre**. Nous buvons **notre** café bien chaud.

Léonard — Vous avez déjà pris **le vôtre** ! ((tout bas) Je dois me dépêcher.) Maman, as-tu vu **mes** chaussures ? J'ai trouvé celles de **mon** grand frère, **les siennes** ont atterri dans **ma** chambre.

Sa mère — Viens immédiatement dans la cuisine ! Quel enfant ! »

PETIT-DEJEUNER

A Bayonne, à Londres ou à Rio et dans bien d'autres villes et sur d'autres continents, mangeons-nous les mêmes aliments et buvons-nous les mêmes boissons au petit déjeuner ?

En France, en semaine, le petit déjeuner diffère de celui du week-end. Influencés par les Anglo-Saxons, les Français prennent **un** jus de fruits suivi **d'un** bol **de** café au lait ou **d'une** tasse **de** café noir ou **d'un** mug de café dans lequel ils mettent **du** sucre, en général, deux morceaux **de** sucre. Certains font attention à leur régime alimentaire et boivent leur café **sans sucre**. Les enfants choisissent entre **du** lait ou **du** chocolat chaud parce que les parents ne leur servent pas **de** café. Ceux qui considèrent le premier repas de la journée comme sacré se font **plusieurs tartines** avec **du** beurre et **de la** confiture ou **du** miel. D'autres optent pour **des** céréales avec beaucoup **de** lait froid (pour le moment, on ne mange pas **de** céréales chaudes). Des adultes, pressés le matin, avalent très vite **un/du** café et se restaurent plus tard dans le train ou le métro. Par contre, en fin de semaine, en particulier le dimanche, le père va chercher **des** viennoiseries dans une boulangerie du quartier où plane toujours **une** bonne odeur dans les environs. Il peut y acheter **de** bons croissants au beurre, **des** brioches individuelles ou **une** brioche tranchée, **des** chocolatines (ou pains au chocolat), **des** chaussons aux pommes, **des** pains aux raisins, mais il ne demande jamais **de** baguette. On boit **du** café, mais également **du** jus d'orange frais fait avec **des** oranges que l'on presse soi-même. **Des** personnes coupent leur jus de fruits avec **de l'**eau, avec un peu **d'**eau parce que l'acidité des fruits ne leur convient pas.

En Grande-Bretagne, le petit déjeuner typique des Britanniques ne ressemble pas à celui des Français. Tout d'abord, ils commencent par **un** verre **de** jus d'orange. Ensuite, ils prennent **des** œufs durs ou **une** omelette avec **des** tranches **de** bacon ou encore **des** saucisses et **des** œufs brouillés. Ils ne boivent pas **de** café, mais au contraire **du** thé avec **du** sucre et peut-être **une** goutte **de** lait.

Au Brésil, on se prépare **du/un** café au lait et **du/un** jus de fruits fait avec **des** oranges ou **de l'**ananas. On préfère manger **une/de la** mangue ou **du** melon. Le matin, les Brésiliens consomment **du** pain, **du** fromage, **des** yaourts, **du** jambon et même **de la** dinde fumée. S'ils se dépêchent pour partir travailler, ils se font **du** pain grillé avec **du** beurre ou un sandwich.

Qui que nous soyons, où que nous soyons, nous devons tous petit-déjeuner afin de bien débuter la journée. ☺

« NE FAITES PAS CI, NE FAITES PAS ÇA »

Sophie écoute Léonard qui évoque ses souvenirs quand son frère et lui allaient au lycée.

« Ma mère nous a toujours bien conseillés, mais parfois, nous n'étions pas d'accord avec elle. Dans mon cas, j'entendais fréquemment :

- **Ne te couche pas** tard Léonard !

- **Lève-toi** tôt demain !

- **Etudie** régulièrement !

- **Apprends** tes leçons chaque jour !

- **Ne perds pas** ton temps à surfer sur le net !

- **Bavarde** sur ton portable seulement quinze minutes par jour !

- **Suis** un cours de langue étrangère !

Mon frère et moi avions droit à la même musique. Notre mère nous disait :

- **Réussissez** à vos examens !

- **Ne travaillez pas** à temps partiel !

- **Faites** du sport !

- **Soyez** sérieux dans vos études !

- **Ayez** rendez-vous avec vos amis après avoir fait les devoirs !

- **Veuillez** arriver à l'heure aux cours !

Le dimanche, ma mère aimait sortir en famille. Que devions-nous faire ?

- **Réveillons-nous** de bonne heure !

- **Ne nous levons pas** tard !

- **Installons-nous** dans un endroit agréable pour pique-niquer !

- **Détendons-nous** en plein air !

- **Promenons-nous** dans la forêt !

- **Sentons-nous** bien après une bonne marche !

*- **Rendons-leur** visite !

*- **N'y allons pas** !

*- **Préparons-le** ensemble !

*- **Mangeons-en** !

*- **N'en prenons pas**, ce n'est pas très bon pour la peau !

*- **Regardons-le** ! »

PREPARONS NOS VACANCES !

Bonjour ! Je suis la sœur de Sophie. La semaine **prochaine**, Sophie, mes frères, nos parents et moi, nous allons partir en vacances. Si notre père conduit la voiture **neuve**, nous devrons avoir une voiture **propre**, mais c'est constamment la **même** histoire : à cause de notre chien, nous avons une voiture **sale**.

Avant le départ, je voudrais, tout d'abord, me procurer **de nouvelles** valises **légères**. J'espère m'en offrir pour la **dernière** fois ! J'ai l'impression de renouveler cet achat **régulièrement**. J'en ai acheté deux **récemment** et je les ai **tellement** remplies qu'elles se sont cassées. **Toutes** les valoches que je choisis semblent être de **mauvaise** qualité et pourtant, j'y mets le prix. Mes amis me demandent toujours **gentiment** et **sérieusement** si je vais avoir **d'autres** valises pour le prochain voyage.

Ensuite, je passerai à notre agence de voyages préférée pour obtenir des renseignements. Le jeune homme aux cheveux **gris**, une personne **aimable et qualifiée**, nous réserve à chaque fois **de belles** chambres d'hôtel, mais **plus chères que** des chambres d'hôte. Je pense que faire du camping serait une **meilleure** option, mais tout le monde ne partage pas mon avis. Grâce à cet agent, quand nous visitons un **nouvel** endroit, nous emportons **autant de brochures que** de dépliants touristiques (mais j'aime mieux les guides Michelin, **les meilleurs de** tous selon moi) parce que nous désirons découvrir les sites **les plus célèbres** de la ville dans laquelle nous sommes.

Très bientôt, nous nous rendrons quelque part, mais nous ne savons pas encore où. Pour le moment, nous n'en avons pas **la moindre** idée. En général, mon père prend des décisions **plus rapidement que** nous. En ce qui concerne la communication avec des anglophones, nous parlons anglais **mieux que** lui. Il s'exprime en anglais, mais ma sœur et moi communiquons dans cette langue **le mieux**. Par contre, nous dialoguons en italien **moins bien que** notre père, mais notre mère se débrouille en italien **aussi bien que** lui.

Destination Venise, Cologne ou Madrid, nous prendrons **moins de pulls que** de vêtements légers parce qu'il fera chaud. Et maintenant, il ne reste plus qu'à dire : « **Bon** voyage ! »

FAIRE SES VALISES POUR UN VOYAGE EN CROISIERE

Dans ma famille, nous aimons faire des croisières et quand **ma** sœur Sophie prépare **sa** valise, **la sienne** a du mal à fermer tandis que **celle** de **notre** grand frère se boucle avec facilité. Qu'y-a-t-il dans **leurs** bagages ?

Sophie y met **son** maillot de bain bleu ainsi que **celui** de couleur jaune, **ses** chemisiers blancs à manches courtes et **son** short bleu marine. Pour aller dîner et être élégante, elle choisit une robe sans manche à fleurs, **ses** escarpins blancs et **sa** broche que **nos** parents lui ont offerte pour **son** anniversaire. **Cet** accessoire se porte avec tout. Le soir, pour se promener sur le pont, il lui faut **son** écharpe bleue et **son** pull blanc. Après **sa** promenade, quand elle rentre dans **sa** cabine pour dormir, elle se change et elle enfile **sa** chemise de nuit favorite, **celle** qui est blanche à pois. Il va sans dire qu'elle n'oublie pas **ses** sous-vêtements, un peignoir, des pantoufles, un chapeau pour se protéger du soleil et bien d'autres tenues encore.

A chaque départ, je lui demande la raison pour laquelle **sa** valise n'est pas aussi légère que **la mienne** ou **celle** de **notre** frère et elle me fait savoir que dans **les nôtres**, nous n'avons pas tout ce dont nous aurons besoin. **Cette/Sa** réponse m'agace. Même si je ne sais pas ce que **mon/notre** frère a exactement dans **sa** valise, il tient compte de **mon** avis. Par exemple, pour le dernier voyage en mer, il m'a posé les questions suivantes : « est-ce que **cette/ma** cravate à rayures va bien avec **cette** chemise-là ? Que penses-tu de **ce/mon** chapeau ? Vaudrait-il mieux prendre **cet/mon** imperméable ? Et **ces/mes** baskets ? Trop sales d'après toi ? » Je lui ai répondu que tous **ces/ses** choix étaient de bons choix et que pour les chaussures, il devrait voir **celles** de **notre** petit frère. **Les siennes** seraient bonnes à jeter.

Quant à vos valises, que découvrirait-on dans **les vôtres** ? Quelle est la taille de **celles** que vous prenez ?

LE QUOTIDIEN DANS LA FAMILLE DE SOPHIE

En vacances, notre rythme journalier n'est pas comparable à celui que nous avons le reste de l'année.

En période scolaire, chaque matin, ma sœur Sophie **se lève** vers 6h00, plus tôt que nos parents et moi puisque nous **nous levons** à 7h00. Elle **se rend** dans la salle de bains où elle **prend** une douche, **se lave** les cheveux, **se** les **rince** longuement, **se sèche** et **s'habille**. Elle **ne se parfume pas** à cause de son allergie au parfum, mais elle **se maquille**. Après, elle **se met** à préparer le petit déjeuner pour toute la famille. Quand nous entrons dans la cuisine, nous **sentons** l'odeur du café et nous **nous asseyons** à table où de petites brioches et des bols de céréales sont déjà servis. Lorsque je **me lève** de table (je suis toujours la dernière à finir de manger), je la débarrasse pour aider notre mère qui **doit se presser** pour attraper le bus. Quant à ma sœur, après avoir dégusté une viennoiserie, elle **quitte** la maison pour se rendre à la fac. Cet emploi du temps diffère pendant les vacances et surtout en été. Cette année, nous passons un mois à la mer et nous y sommes arrivés la semaine dernière.

Lundi passé, premier jour de congé, ma sœur **s'est réveillée** à 7h30, mais elle **ne s'est pas levée** tout de suite. Vers 7h45, elle **s'est douchée**, **s'est lavé** les cheveux et **se** les **est séchés**. Puis, elle **a écouté** la radio, **s'est préparé** un petit déjeuner copieux et après, elle **s'est brossé** les dents. Un moment plus tard, elle **est partie** pour rejoindre ses amis à la plage. Ils **se sont rencontrés** devant l'école de surf parce que deux d'entre eux en font le matin. Moi, je n'aime pas **me dépêcher**, par conséquent, nous **nous sommes** tous **retrouvés** vers 13h00.

Nous **nous sommes parlé** quelques minutes avant de prendre une décision sur ce que nous ferions le reste de la journée. Nous ne voulions pas **nous en aller** de la plage, donc, nous **avons décidé** de jouer au volley. Vers 16h00, il faisait très chaud, alors, nous **sommes allés nous baigner**. Quand nous **sommes sortis** de l'eau, nous avions très faim. Nous **nous sommes acheté** plusieurs cornets de churros et des gaufres au chocolat, mais Sophie **a choisi** une glace. En la dégustant, elle **s'est salie** et elle **a dû** retourner dans l'eau. Vers 19h00, nous **sommes rentrés** chez nous afin de **nous préparer** pour la soirée.

Et vous, **vous levez**-vous de bonne heure le matin ? Hier, **vous êtes**-vous **réveillé(s, ée, ées)** tôt ? Je pense que vous **ne vous êtes pas réveillé(s, ée, ées)** au chant du cocorico. Bonnes vacances quand vous en aurez !

LES JOURS FERIES ET LES FETES

Tout le monde aime prendre des vacances, mais avoir un jour férié ou de fête pendant une semaine de travail rend heureux plus d'une personne. En Europe ou en Amérique du Nord, chaque mois offre des jours de repos et de célébration. En voici quelques-uns :

- Début janvier, les Français mangent de bonnes galettes des rois.

   Début janvier, **de bonnes galettes des rois sont mangées par les Français.**

- Le 14 février, à la St-Valentin, des amoureux offriraient une bague à l'élue de leur cœur.

   Le 14 février, à la St-Valentin, **une bague serait offerte par des amoureux** à l'élue de leur cœur.

- Le Lundi de Pâques, les enfants chercheront des œufs.

   Le Lundi de Pâques, **des œufs seront cherchés par les enfants.**

- Chaque année, en avril, les Italiens fêtaient l'Anniversaire de la Libération.

   Chaque année, **l'Anniversaire de la Libération était fêté par les Italiens.**

- En mai, les Canadiens ont célébré le Jour de Victoria.

   En mai, **le Jour de Victoria a été célébré par les Canadiens.**

- Le 23 juin, les Luxembourgeois auraient commémoré la Fête Nationale.

   Le 23 juin, **la Fête Nationale aurait été commémorée par les Luxembourgeois.**

- Le 4 juillet, les Américains font un pique-nique avec des amis.

   Le 4 juillet, **un pique-nique** avec des amis **est fait par les Américains.**

- Pour célébrer le 15 août en France, on organisera de beaux défilés.

   Pour célébrer le 15 août en France, **de beaux défilés seront organisés.**

- En septembre, en Suisse, on observerait le Jeûne Genevois.

   En septembre, en Suisse, **le Jeûne Genevois serait observé.**

- Fin octobre, les jeunes Américains portaient des déguisements.

   Fin octobre, **des déguisements étaient portés par les jeunes Américains.**

- Le 11 novembre, on a mis à l'honneur ceux qui ont donné leur vie pour leur patrie.

   Le 11 novembre, **ceux qui ont donné leur vie** pour leur patrie **ont été mis à l'honneur.**

- En décembre, à Donostia, les Espagnols avaient préparé une parade pour accueillir les Rois mages.

En décembre, à Donostia, **une parade** pour accueillir les Rois mages **avait été préparée par les Espagnols**.

Jours fériés, fêtes, grandes vacances, alternent avec des semaines de travail et septembre rime avec la rentrée que ce soit dans le monde politique, social ou éducatif.

LETTRE A UNE ECOLIERE

Un jour, vers la fin des vacances d'été, une semaine avant la rentrée scolaire, j'ai trouvé sur ma table de chevet, une lettre de ma grande sœur Sophie. J'ai lu avec attention ce qu'elle avait écrit.

Chère écolière,

Mercredi prochain, le premier jour de classe, tu **te réveilleras** tôt, tu **mangeras** un bon petit déjeuner, tu **mettras** des vêtements neufs et tu **prendras** ton beau cartable dans lequel il y **aura** un cahier, un classeur, un stylo-bille, un crayon et une gomme. Tu **partiras** de la maison avec notre papa ou notre maman qui t'**accompagnera** à l'école et tu **seras** heureuse d'y retourner parce que tu **retrouveras** tes copines et tes copains.

Vous **arriverez** de bonne heure parce qu'il **ne faudra pas** être en retard. A l'entrée de l'établissement, tu **rencontreras** ta nouvelle institutrice. Tout l'été, tu t'es demandé si elle **serait** gentille et ce que tu lui **dirais** pour te présenter. A 9h00, tu **iras** avec d'autres enfants dans la salle de classe.

Cette année, ta maîtresse **enseignera** les maths, le français, la géographie et l'histoire. Le soir, tu **feras** des exercices et le lendemain, ton enseignante **interrogera** tous les élèves. Si tu **réponds** bien, tu seras fière de toi. Si tu répondais mal, je te **conseillerais** d'étudier plus. Par ailleurs, si tu ne comprends pas le sujet, **demande**-lui de te l'expliquer. Aussitôt que tu auras pigé, tu **sauras** les réponses et tu **obtiendras** de bonnes notes.

Chaque fin de journée, quand tes amis et toi réviserez vos leçons, je sais ce que vous **direz** à vos parents : « ah ! si on ne nous avait pas donné de devoirs, nous **aurions pu** faire du sport ou nous **serions allés** à la bibliothèque pour emprunter des bandes dessinées. » Les adultes répliqueront : « tu es une personne douée, donc, **ne dis pas** cela. Si tu veux être accepté(e) à la fac de ton choix, il **faudra** étudier pour réussir au Bac. **Voudrais**-tu être recalé(e) ? Si tu ne travailles pas assez, tu **redoubleras** et en plus, tu **devras** bûcher en juillet et en août, et cela **ne sera/serait pas** très drôle. Alors, chaque trimestre, tu **apprendras** tout en t'amusant et tout **se passera** bien. De cette façon, en juin, tu **écriras** sans faute parce que tu auras appris les règles de grammaire. »

Chère petite sœur, je te souhaite une bonne année scolaire, **ne sèche pas** tes cours et **lève** fréquemment la main pour répondre aux questions posées.

Ta meilleure amie,

Sophie ☺

VOYAGE DANS LE PASSE

A mon tour, moi, la sœur de Sophie, je vais vous donner un aperçu de ma jeunesse.

Actuellement, **lycéenne** souhaitant réussir au Bac, j'étudie sérieusement (**le** programme me semble difficile) afin d'obtenir ce passeport pour entrer dans la fac de mon choix. Hier, je lisais *Le Discours de la Méthode* écrit par Descartes quand je me suis mise à penser à ce que je venais de trouver dans un de mes livres favoris : la lettre que ma sœur m'avait écrite quand je n'étais qu'**écolière**. Accoudée sur **le** bureau, regardant par la fenêtre, les **yeux** levés aux **cieux**, plusieurs souvenirs ont fait surface.

A l'école primaire, j'adorais l'histoire, **le** calcul, **le** français et **la** gymnastique. L'**institutrice** que nous avions, une femme d'une quarantaine d'années, nous a fait comprendre l'importance de **la** devise embrassant **la** liberté, l'égalité et **la** fraternité. J'aurais voulu continuer à faire de **la** peinture (j'en faisais à l'école maternelle et à cette époque-là, **la** vie paraissait si simple. Personne n'avait **de** problème), mais il a fallu se mettre à **la** littérature avec tous ses mouvements en -isme comme **le** classicisme et **le** romantisme.

Enfant, je m'amusais avec **un** jouet (je n'aimais pas les **jeux** vidéo). Par contre, maintenant, visiter **un** monument ou faire **du** shopping ont ma préférence. Enfant, j'assistais à **un** spectacle tous les **mois** ou je me rendais à des **festivals** ou à des **carnavals**. De nos jours, je regarde **la** télévision, je préfère **le** sport, surtout **la** natation. D'ailleurs, autrefois, j'allais à **la** piscine puisque **la** plage était assez éloignée. Enfant, je ne lisais pas **de** journal, mais à présent, je lis des **journaux** chaque jour parce que je veux me tenir au courant de l'actualité politique et sportive. Enfant, j'avais **une** bicyclette, mais bientôt, je conduirai **une** voiture. Maintenant, je fais régulièrement du jogging en semaine, mais de temps en temps, j'ai mal **aux genoux** droit et gauche. Enfant, petite gourmande, je prenais généralement une gaufre ou **une/de la** glace quand il faisait chaud. Ces jours-ci, j'en mange moins et à la place, je choisis **une** salade de fruits avec **un** yaourt. En repensant à mon enfance, je sais que j'ai eu **la** chance d'avoir **une** vie agréable et **le** bonheur de voyager. Comme il est dit, mais avec une petite entorse, « **le** voyage forme **la** jeunesse ».

DRRRIIINNNG ! DRRRIIINNNG ! DRRRIIINNNG !

Sursautant, **la** sonnerie du téléphone m'ayant fait sortir de ma rêverie, je suis revenue à **la** réalité. Sophie m'appelait pour me faire un petit coucou, mais surtout pour me demander d'identifier les personnes suivantes :

- Honoré de Balzac : **écrivain**

- Frédéric Chopin : **musicien, compositeur**

- Berthe Morisot : **peintre**

- Simone de Beauvoir : **femme écrivain**

- Catherine Deneuve : **actrice**

- Marie Curie : **physicienne**

- Edith Piaf : **chanteuse**

J'ai dû l'interrompre parce que je devais retourner à **la** lecture du traité philosophique de Descartes. Nous nous sommes souhaité une bonne après-midi et nous avons raccroché. A ce moment-là, je me suis dit qu'elle allait téléphoner à notre mère (et c'est ce que Sophie a fait).

AVEC UN DIPLOME EN POCHE

Sa mère	- Quand ta sœur et toi serez diplômées, il faut que vous **trouviez** un emploi.
Sophie	- Il est important que nous **terminions** nos études.
Sa mère	- Je sais que tu **tiens** à obtenir ton diplôme haut la main.
Sophie	- Ensuite, il sera nécessaire que **j'écrive** un CV.
Sa mère	- Il est bon que ta sœur et toi **ayez suivi** des cours d'anglais et d'espagnol ces dernières années.
Sophie	- Papa est surpris que nous **n'étudiions pas** à l'étranger l'an prochain.
Sa mère	- Il serait heureux que vous **alliez** dans un pays anglophone.
Sophie	- Il est probable que je **réfléchis/réfléchirai** à nouveau à la question.
Sa mère	- Vous ne souhaitez pas **décevoir** votre père, n'est-ce pas ?
Sophie	- Mais non, Maman ! Je crains que ma sœur ne **veuille** vivre en Italie.
Sa mère	- Crois-tu que ton père le **sache** ?
Sophie	- Je l'ignore, mais il est certain qu'elle **finira** ses études avant d'aller s'y installer. Penses-tu qu'il **faille** lui demander dans quoi elle aimerait travailler ?
Sa mère	- Je ne crois pas que cela **soit** nécessaire maintenant, mais je suis sûre qu'elle **travaillera** quelque part proche de la mer.

Sophie	- Et elle désire **prendre** des vacances avant de commencer son premier emploi.
Sa mère	- Ton père aurait tant aimé qu'elle **devienne** avocat comme lui !

AU LYCEE

En rentrant à la maison, Sophie rencontre un voisin, Sébastien, un Canadien qui fait ses études en France. Ils se mettent à discuter.

Sébastien - Ta sœur **est-elle** en Terminale ?

- **Est-ce que ta sœur est** en Terminale ?

Sophie - Oui, ma sœur est en Terminale.

Sébastien - **Va-t-elle passer** le Bac cette année ?

- **Est-ce qu'elle va passer** le Bac cette année ?

Sophie - Oui, elle va passer le Bac cette année.

Sébastien - **N'est-elle pas** en Terminale S ?

- **Est-ce qu'elle n'est pas** en Terminale S ?

Sophie - Si, elle est en Terminale S.

Sébastien - D'après elle, **le cours de maths est-il** difficile ?

- D'après elle, **est-ce que le cours de maths est** difficile ?

Sophie - D'après elle, non, le cours de maths n'est pas difficile.

Sébastien - **A-t-elle** toujours de bonnes notes ?

- **Est-ce qu'elle a** toujours de bonnes notes ?

Sophie - Oui, elle a toujours de bonnes notes.

Sébastien - **Le professeur explique-t-il** très bien ?

- **Est-ce que le professeur explique** très bien ?

Sophie - Oui, le professeur explique très bien.

Sébastien - **Sais-tu** ce qu'elle aimerait faire après le Bac ?

- **Est-ce que tu sais** ce qu'elle aimerait faire après le Bac ?

Sophie - Oui, je sais ce qu'elle aimerait faire après le Bac.

Sébastien - **Ne veux-tu pas** me le dire ?

- **Est-ce que tu ne veux pas** me le dire ?

Sophie - Si, je veux te le dire, mais tu ferais mieux de le lui demander quand tu la rencontreras.

MAIS ENFIN, QUE FAIT SOPHIE ?

Sébastien	- Et toi, Sophie, suis-tu des cours de philosophie ce trimestre ?
Sophie	- Je **ne** suis **pas de** cours de philosophie ce trimestre.
Sébastien	- Suis-tu des cours de géographie ou des cours d'histoire ?
Sophie	- Je **ne** suis **ni cours** de géographie **ni cours** d'histoire.
Sébastien	- Assistes-tu toujours à des cours de français ?
Sophie	- Je **n'**assiste **plus** à des cours de français.
Sébastien	- As-tu des cours le vendredi ?
Sophie	- Je **n'**ai **pas de** cours le vendredi.
Sébastien	- Est-ce que des étudiants vont en cours le week-end ?
Sophie	- **Aucun** étudiant **ne va** en cours le week-end.
Sébastien	- Fais-tu quelque chose d'ennuyeux le samedi ou le dimanche ?
Sophie	- Je **ne** fais **rien** d'ennuyeux le samedi ou le dimanche. Et toi ?
Sébastien	- Moi **non plus**. Etudies-tu quelquefois le vendredi soir ?
Sophie	- Je **n'**étudie **jamais** le vendredi soir. Voyages-tu le week-end ? Vas-tu quelque part ?
Sébastien	- Je **ne** vais **nulle part**. Fais-tu toujours des devoirs en fin de semaine ?
Sophie	- Je **ne** fais **jamais de** devoirs en fin de semaine parce que j'en fais suffisamment pendant la semaine. Par conséquent, je fais de la voile. Est-ce que quelqu'un dans tes classes se détend tout le week-end ?

Sébastien	- Je crois que **personne** dans mes classes **ne** se détend tout le week-end. En semaine, travailles-tu encore le soir très tard ?
Sophie	- En semaine, je **ne** travaille **plus** le soir très tard.
Sébastien	- Sophie, as-tu seulement des cours que tu aimes ?
Sophie	- Oui, je **n'ai que** des cours que j'aime.
Sébastien	- J'aimerais te poser d'autres questions, mais d'abord, faisons une pause. Que savons-nous de la politique, de l'histoire contemporaine, de la littérature, du cinéma, du sport, de la peinture, de la musique, ...

Dany Bailly - Tenues de bains, années trente

Sophie	- Es-tu cruciverbiste ?
Sébastien	- Est-ce que je suis cru-ci... comment ?
Sophie	- Cruciverbiste. Fais-tu des mots-croisés ? Nous pourrions en faire.
Sébastien	- Très bonne idée. Mais avant, quelques devinettes.
Sophie	- Oui et ensuite des grilles.
Sébastien	- Super !

TESTONS NOS CONNAISSANCES

Dans le domaine de l'histoire, en 2017, Bill Clinton, **époux** d'Hillary, reviendrait à la Maison Blanche si l'ancienne première dame, son **épouse**, obtenait le vote du Collège électoral. Cette fois, cette **mère** n'aura pas sa fille à ses côtés comme dans le passé. Avant d'habiter au 1600 Avenue de Pennsylvanie, sous le mandat de son mari, Hillary travaillait en tant **qu'avocate**. Puis, elle a eu le poste de **secrétaire** d'Etat sous la présidence de Barack Obama. Américaine, Hillary Clinton est **citoyenne** des Etats-Unis. Elle fait de la politique et cette **politicienne** tient également des discours dans des universités.

Elizabeth II, dont le titre de **reine** d'Angleterre fait rêver les petites filles, pourrait le transmettre à William, donc un nouveau **roi**. Plus tard, Georges, **fils** de Kate et William, règnerait lui aussi. Harry, **frère** de William, se mariera avec Meghan Markle le 19 mai 2018. Quel beau parti, quel **bel homme** ! Diana, la **mère**, aurait été fière de ses deux rejetons. Charles, leur père, est devenu **veuf** après la disparition de sa femme.

Dans le monde de l'écriture, Victor Hugo, **écrivain** dont le talent a traversé le dix-neuvième siècle, appartient à la période romantique française tandis que Mary Higgins Clark, **écrivaine** américaine, la reine du suspense au vingt et unième siècle, a co-écrit avec sa fille plusieurs histoires. Dans *Les Misérables* comment s'appelle **le héros** ? Se nomme-t-il Jean Valjean ? Et Cosette, est-elle **l'héroïne** ?

Dans la sphère des arts, Monet, **peintre** admiré mondialement, a peint des toiles reconnues partout (il en va de même pour Degas et ses **danseuses**, des jeunes femmes évoluant, peut-être, sur de la musique classique) ; Berthe Morisot, **femme peintre**, nous a laissé de belles peintures aussi.

Berthe Morisot - Girl in a Boat with Geese, 1889 - National Gallery of Art, Washington

En musique, Mozart, **compositeur/musicien** à un jeune âge, a composé des sonates éternelles. Plus proche de nous, Jacques Brel, **chanteur** du « Plat Pays », restera à jamais l'un des interprètes les plus applaudis de notre époque tout comme Edith Piaf, **chanteuse** de « La Foule », une star des années cinquante.

Dans l'univers du grand et du petit écran, le septième art nous permet d'échapper à la réalité quotidienne grâce à des **acteurs** comme Bradley Cooper et des **actrices** comme Meryl Streep tandis que des **journalistes** comme Dan Rather ou Lester Holt nous ramènent à une existence sans fard. Grâce aux écrans plats, nous retiendrons les exploits de Michael Phelps, un **nageur** de première classe qui nous a épatés lors de plusieurs Jeux Olympiques. De plus, à l'écran comme dans la vie, les enfants occupent le devant de la scène. Par exemple, Annie, dans le film du même nom, a grandi dans un orphelinat et cette **orpheline** rousse aux cheveux bouclés a rencontré une famille qui l'a adoptée ; les sœurs Olsen, du même âge, des **jumelles** renommées, ont joué dans un feuilleton américain populaire.

QUEL EST LE NOM DE CE CHEF D'ETAT ?

Cet **ancien** étudiant de l'Université de Georgetown, dirige depuis 2014 un pays européen. Ce **bel** homme aux cheveux **bruns** est marié à une **ancienne** journaliste **brune** et a deux fillettes **blondes**. Ce père, une **bonne** personne **attentionnée et intelligente** adore sa famille.

Son pays a accueilli les Jeux Olympiques en 1992. Comment ce monarque s'appelle-t-il ?
Felipe d'Espagne

DES ANNEES PLUS TARD

Tout comme en 1992, la capitale **française** a participé à la course pour accueillir les J.O. d'été en 2012. Nous n'oublierons jamais le jour où nous nous trouvions dans un café avec d'autres clients, tous, les yeux **fixés** sur l'écran attendant avec impatience le président du CIO. Finalement, il s'est présenté et a annoncé d'une voix solennelle : « I declare London… ». Une **seule** voix désolée s'est fait entendre et les larmes se sont mises à couler sur les visages **déçus**. Presque dix ans plus tard, le 13 septembre 2017, Paris a appris qu'en 2024, non seulement elle fêterait l'Inauguration du Grand Paris, mais deviendrait une autre fois, cent ans plus tard, le site des Jeux Olympiques.

QUEL EST LE NOM DE CETTE CHANTEUSE INTERNATIONALE ?

Cette personne n'est pas de nationalité **française**, **allemande** ou **australienne** et vient d'une famille **nombreuse**. Depuis plusieurs années, elle a son **propre** spectacle à Las Vegas. Sa voix **reconnaissable** dans le monde **entier** lui a permis d'avoir une carrière **internationale**. Elle a perdu son **cher** mari en janvier 2016. Malgré tout, elle continue à chanter et l'une de ses chansons **renommées** a pour titre « My heart will go on ». Comment cette chanteuse s'appelle-t-elle ? **Céline Dion**

QUEL EST LE NOM DE CETTE MERE CELEBRE ?

Celle dont vous essayez de deviner l'identité ne deviendra jamais une **vieille** dame. Mariée à un **jeune** âge, cette Anglaise n'était pas une femme **heureuse**. Avant son mariage, elle habitait avec ses **bonnes** amies dans une **petite** maison. Elle a toujours porté **de belles** tenues. Quelle épouse **élégante et sportive** ! Elle a eu deux enfants **adorables**, deux garçons, maintenant, des adultes **raisonnables**. L'un des frères, une personne **rousse**, a créé les jeux Invictus. Comment cette mère s'appelle-t-elle ? **Diana**

QUEL EST LE NOM DE CE PERE CELEBRE ?

Cet homme, une **grande** personne **mince**, a les cheveux **gris**, les oreilles **décollées** et les dents bien **blanches**. En 2017, **l'année prochaine**, il quittera son logement officiel et il habitera dans une **nouvelle** résidence, peut-être une maison **neuve**.

Dans son travail, il doit prendre des décisions **importantes**. En public, il parle avec une **bonne** voix **forte**. Ce n'est pas le **seul** président dans l'histoire américaine qui, lors de son investiture, ait marché au lieu d'arriver en voiture à sa **belle** demeure qui se situe au 1600 avenue de Pennsylvanie. Comment s'appelle ce père de famille réputé ? **Barack Obama**

QUEL EST LE NOM DE CE PARTICIPANT OLYMPIQUE ?

Cet athlète, une personne **travailleuse et sportive** qui a participé à plusieurs J.O., a des parents **illustres**.

Tout d'abord, sa mère, une **belle et bonne** actrice, représentait, d'après les médias, « la royauté **américaine** ». Dans les années cinquante, elle a rencontré au festival de Cannes celui qui deviendrait son mari. Cette épouse **généreuse et aimante** a eu un garçon (notre participant olympique) et deux filles (l'une d'elles, une adolescente **sage**, mais avec du caractère et l'autre, une jeune fille **rebelle et ravagée** par l'accident **mortel** de sa maman).

Son père, un souverain **rigoureux** dans son travail, avait le respect de son peuple et les deux partageaient une **certaine** complicité. Durant son règne, il a écrit **de nouvelles** lois, en particulier une pour protéger ses enfants des individus **malhonnêtes**.

Quant à ce frère **mystérieux**, il s'est marié avec une **jeune** sportive **sud-africaine** qui ressemble un peu à **l'ancienne** star d'Hollywood. Comment cet homme, maintenant papa, s'appelle-t-il ? **Albert de Monaco**

QUI SE CACHE DERRIERE CETTE MOUSTACHE ?

Ce **bel** homme aux yeux **bleus**, une personne **diplômée** de l'Université de Georgetown, a suivi dans sa **dernière** année universitaire, deux cours de théâtre en français dont l'un avait pour titre « Auteurs de théâtre émergeant ». Durant un de ces semestres, il a répété énormément un monologue **difficile**, une scène tirée de la pièce *La Brûlure* d'Hubert Colas, un dramaturge **contemporain**.

Avant d'aller plus loin, oui, vous avez bien lu, « en français ». A votre **grande** surprise, découvrez-vous que cet Américain **célèbre** s'exprime dans la langue de Molière ? Nous tenons d'une source **sûre**, d'après une **haute** autorité, que le chouchou de la population féminine parle très bien français. Son père est-il de nationalité **française** ? Sa mère a-t-elle la nationalité **canadienne** ? Mystère et boule de gomme, chewing-gum.

Revenons à cette figure **renommée** qui a pris la **bonne** décision de se rendre à New York pour intégrer Actors Studio, une école **prestigieuse** autant acclamée que le Conservatoire d'Art Dramatique à Paris ou la RADA à Londres. Cependant, avant de pénétrer dans la cour des grands, ce **jeune** diplômé devait passer comme tout comédien en herbe une audition, mais de plus, remettre une lettre dans laquelle son talent et son potentiel d'acteur seraient mis en valeur. Comme vous vous en doutez, grâce à une performance **exceptionnelle** et à une lettre **écrite** par son professeur de français-théâtre, il a réussi à entrer dans le lieu sacré. Lors de sa **première** année à Actors Studio, cet **ancien** étudiant a joué devant la troupe (dans laquelle se trouvaient des acteurs **connus**) cette tirade de *La Brûlure* qu'il avait tant explorée. Cette représentation, un **énorme** succès, lui a ouvert le portail du Septième Art.

Presque vingt ans plus tard, devenu une star **internationale**, il a appris que son professeur **inoubliable** avec lequel il avait travaillé ce texte de Colas, allait prendre sa retraite. Alors, dans un message vidéo qu'il lui a envoyé, il lui a avoué qu'après ces deux cours suivis sous sa direction, il a su, sans l'ombre d'un doute, ce qu'il ferait dans la vie. En 2014, il a joué à New York dans *Elephant Man*, mais auparavant, il y a eu des films dont voici des titres qui vous permettront d'identifier cet acteur **remarquable** : *Silver Linings Playbook*, *The Hangover*, *Limitless*. Comment s'appelle celui qui ne laisse pas indifférent la gent féminine et qui nous prouve, encore une fois, qu'il faut toujours poursuivre ses rêves ? **Bradley Cooper**

QUELLE EST CETTE STAR DU TENNIS ?

Y-a-t-il quelqu'un parmi vous **qui** fasse du sport ? Y-a-t-il un sport **que** vous pratiquiez régulièrement ? Y-a-t-il une personne dans le monde du sport **que** vous admiriez ? Décrivons un athlète **que** beaucoup de fans trouvent formidable. Celui **dont** nous allons parler est connu mondialement.

Ce chouchou des Suisses **qui** s'exprime en allemand, en anglais et en français, vit à Bottmingen, mais la ville **où** il a vécu dans sa jeunesse porte un autre nom. Cet homme, **qui** est marié et **dont** la femme a participé également aux Jeux Olympiques à Sydney, aimerait-il que ses enfants pratiquent la même activité sportive que lui ? La Suisse **qu'**il a épousée en 2009, a donné naissance à des jumelles et à des jumeaux.

Ce que vous devez savoir au sujet de ce géant nous semble assez important : **ce qui** a changé, de par sa situation familiale, concerne la fréquence de ses voyages. Avant son mariage, ce joueur participait à des championnats en Angleterre, en Australie, aux Etats-Unis et en France. Maintenant, même s'il s'entraîne et se déplace moins, mai est le mois **où** il se rend à Paris, bien avant les compétitions à Roland Garros, afin de se remettre en forme dans un stade près **duquel** il habite pendant toute la durée du French Open.

Chaque année, sur le court Philippe Chatrier, **ce dont** il a envie est devenir le vainqueur d'un tournoi cher à son cœur. Nous n'oublierons jamais les larmes **qu'**il a versées quand il a perdu en finale contre une célébrité espagnole. Des personnes avec **qui/lesquelles** nous avons eu l'occasion de discuter l'admirent pour sa gentillesse et sa générosité.

Ce sport pour **lequel** il faut de petites balles jaunes s'est popularisé dans les années quatre-vingt. Les raquettes avec **lesquelles** on joue de nos jours, ne ressemblent en rien à celles du vingtième siècle. Je sais **ce à quoi** vous pensez : y-a-t-il un filet **qui** partage le court ?

Avez-vous découvert celui **à qui** nous pensons ? Il s'agit de **Roger Federer**.

DE QUEL ÉVÉNEMENT SPORTIF S'AGIT-IL ?

Cet événement sportif **qui** a lieu tous les quatre ans et **que** le monde entier suit, devient la scène **où** plusieurs pays sont représentés par des athlètes **qui** sont de redoutables adversaires. **Ce qui** importe est de participer « plus vite, plus haut, plus fort ». Calgary, Vancouver, Lillehammer, Grenoble, villes **où** les plus grands se sont affrontés, ont accueilli des millions de visiteurs. Je pense que vous savez de **quoi** je parle.

PyeongChang, lieu dans **lequel** nous serons témoins de cette rencontre mondiale en 2018, deviendra la capitale de la planète pendant deux semaines. Les jeunes gens **qui** se rendront en Corée du Sud désireront tous en repartir avec des médailles. Le 9 février, jour **où** la cérémonie d'ouverture est prévue, marquera le début des compétitions. La plupart de ces concurrents emporteront leur appareil numérique avec **lequel** ils prendront des photos **qu'**ils montreront à leurs familles à leur retour, médaillés ou non.

En patinage artistique, Ashley Wagner **dont** la participation n'a pas encore été confirmée, pleurerait de joie si elle capturait l'or. Jeremy Abbott avec **qui** nous avons discuté aimerait faire mieux qu'à Sochi. **Ce dont** Jeremy a envie paraît évident, mais attention à d'autres patineurs américains, des rivaux de taille **qui** pourraient quitter PyeongChang avec le titre de champion. Jason Brown **qui** a obtenu sa première médaille d'or en 2015, se prépare sérieusement. **Ce que** nous souhaitons à tous ? Que les meilleurs gagnent la médaille tant convoitée dans un endroit **où** sportifs et touristes passeront un séjour agréable. De quel événement s'agit-il ? Il s'agit **des Jeux Olympiques**.

SERIEZ-VOUS CRUCIVERBISTE ?

	1	2	3	4	5	6	7	8	9	10	11	12	13	14	15
A				F	I	N	I	R	A	I	S			A	S
B	D		A	N			O		N		U	V			E
C	E	R		U			S	I		P		E			R
D	V	E	N	D	R	A	I			O		R			E
E	R			R	E			V	O	U	D	R	I	E	Z
F	A		P	A	R	E		O		R		I			
G	I	R	A			C	O	U	R	R	I	O	N	S	
H	S	E	L				D		A	D	N		A		
I		R	E	N	V	E	R	R	A	I		S	O	U	S
J					I		A						I	R	A
K		R	E	C	E	V	R	I	O	N	S			A	N
L	F	A	N		N	O	U	E		A	U	R	A	I	S
M	E	T		C	D		I	N			B	I	S	E	
N	R	E	F	E	R	O	N	T		A	I	R		N	I
O	A				A		E		D	I	R	A	I	T	

32

CARPE DIEM !

	1	2	3	4	5	6	7	8	9	10	11	12	13	14	15
A	S		R	E	Ç	O	I	S		M	A		M		É
B	E		E	T		M		A	V	A	N	C	E	N	T
C	R		R	E	M	E	T		A	N		O	T		U
D	S	U			I	T				G	E	N	S		D
E			V	A	S		C	F	E		D		A	I
F	V	O	I	S		I	R	A		O		U			E
G		R	E				O	I		N		I		O	N
H			N	D		D	I	T	E	S		S	O	N	T
I	A	C	T	É		O	S	E			L	E		T	
J	O		C		I		S	A	V	E	N	T			
K	P	U		O		V	U		S	E		T	E	N	D
L		R	O	U	T	E			A	U					O
M	B	O	I	V	E	N	T			X			N		R
N	U	N		R	A	T	E	S			P	E	U	T	
O		S	U	E			S	U	I	V	E	N	T		

« VENU, VU, VAINCU »

	1	2	3	4	5	6	7	8	9	10	11	12	13	14	15
A		J		C		O	F	F	E	R	T				N
B	P	E	R	D	U		I				É	V	A	D	É
C	E	T				A		N			N		S	U	
D	I		C	O	M	P	R	I	S		U		S		E
E	N	O	U	S		P				É		L	I	O	N
F	T					E	C			C	I		S		T
G		C	R	U		L		R		R		C		S	E
H		R			R	É	U	S	S	I		O		A	N
I		A	L	L	É					T		N			D
J	R	I		P	A	R	T	I				S		S	U
K		N	V		O		O		F	A	I	T		U	
L		T	O		N		U		I		R	A	I	L	
M			U		D	E	S	C	E	N	D	U		V	U
N	F	A	L	L	U		S		U			I		I	
O		B	U			M	I	S		D	I	T	E		

CONNAISSEZ-VOUS « ALAIN PARFAIT » ?

	1	2	3	4	5	6	7	8	9	10	11	12	13	14	15
A	F	A	L	L	A	I	T			D	E	S		B	
B	I		O		V		E		R	I	D	E	A	U	X
C	N	A	G	E	A	I	S		A	S			U	V	
D	I		I		L				I	I				A	
E	S		O			V		P	L	E	U	V	A	I	T
F	S	E	N	T	I	O	N	S		Z		I		S	A
G	A	N	S	E			Y	O	Y	O		U	N		C
H	I				N	A	I	N		O	N		F		
I	S	E	R	A		O		R	E	C	E	V	A	I	S
J		R	I	I	O	N	S		L			A	I		A
K	L	E		E	S	S	A	Y	I	E	Z		S		V
L	U		U	N			N		S		N		A	R	A
M		A	T	T	E	N	D	A	I	S			I		I
N	P	I				O		E	T		É	T	A	T	
O	C	R	A	I	G	N	I	E	Z				S		

35

IL FAUT QUE NOUS LE SACHIONS

	1	2	3	4	5	6	7	8	9	10	11	12	13	14	15
A	V	E	N	D	I	O	N	S			O		L		A
B	I	N		O				A		B	U	V	I	E	Z
C	N		D	R			R	I				E	S		U
D		C	O	M	P	R	E	N	N	E		U	E		R
E	V	O	I	E			Ç				V	I	S		
F			V		P	R	O		V	A	I	L	L	E	S
G	F		E	N			I		I	R		L	I	N	O
H	R	A			D	E	V	I	E	N	N	E		S	I
I	A	I	T		É		E							T	
J	I	T			F		S	A	C	H	I	O	N	S	
K	S				A			L		E		D		A	
L			R	A	S		P	L	E	U	V	E		C	B
M		S	O	I	S			I						H	
N	T		S		E		R	E	N	V	O	Y	I	E	Z
O	P	U	I	S	S	I	E	Z		A				S	

LARGUONS LES AMARRES !

	1	2	3	4	5	6	7	8	9	10	11	12	13	14	15
A		V	U			B	O	I	S			D	E	S	
B	T	A		V	O	I	S			F	A	I	T	E	S
C						S	E	R	V	I		T			O
D	É	C	R	I	S		Z		E	N		E			R
E		E		U			N	I		S	O	I	S		
F	S	T		I		A	D	O	S				N		
G			E	S	S	A	Y	O	N	S		R	Ê	V	E
H	V					E		S	E	L			I		
I	E		O			Z		Z		M	E	T	S		
J	U		U					Ç		P	I		O		
K	I		V	E	N	E	Z		A	I	R	E		N	É
L	L		R						R	E	N	D	S		
M	L		O	F	F	R	E	Z			N		U		
N	E	I	N		A			I	D						
O	Z		S	A	C	H	E		L	I	S	O	N	S	

LES JEUNES ET L'EDUCATION

Quelques jours plus tard, Sophie et Sébastien reprennent leur bavardage.

Sébastien	- **Avais-tu** un emploi du temps chargé quand tu étais lycéenne ?
	- **Est-ce que tu avais** un emploi du temps chargé quand tu étais lycéenne ?
Sophie	- Oui, j'avais un emploi du temps chargé quand j'étais lycéenne.
Sébastien	- **Combien de cours suivais-tu** ?
	- **Combien de cours est-ce que tu suivais** ?
Sophie	- Je suivais plusieurs cours.
Sébastien	- **Quel était ton cours** le plus facile ?
	- *(pas de forme possible)*
Sophie	- Mon cours le plus facile était le cours de chimie.
Sébastien	- **Quelle matière n'aimais-tu pas** beaucoup ?
	- **Quelle matière est-ce que tu n'aimais pas** beaucoup ?
Sophie	- La matière que je n'aimais pas beaucoup ? La géographie !
Sébastien	- **A quels cours désirais-tu** assister ?
	- **A quels cours est-ce que tu désirais** assister ?
Sophie	- Je désirais assister à des cours de droit.
Sébastien	- **Voulais-tu** aller dans une Grande Ecole ?
	- **Est-ce que tu voulais** aller dans une Grande Ecole ?
Sophie	- Non, je ne voulais pas aller dans une Grande Ecole.
Sébastien	- **Que faut-il** obtenir pour entrer à la fac en France ?
	- **Qu'est-ce qu'il faut** obtenir pour entrer à la fac en France ?
Sophie	- Pour entrer à la fac en France, il faut obtenir le Bac.
Sébastien	- **Qui réussit** à devenir bachelier ?
	- **Qui est-ce qui réussit** à devenir bachelier ?
Sophie	- Les lycéens qui étudient régulièrement réussissent à devenir bachelier.
Sébastien	- **Que doivent-ils** acquérir ?
	- **Qu'est-ce qu'ils doivent** acquérir ?
Sophie	- Ils doivent acquérir une culture générale.

Sébastien	- *(pas de forme possible)*
	- **Qu'est-ce qui te semble** bien plus difficile que les examens ?
Sophie	- Les concours me semblent bien plus difficiles que les examens.
Sébastien	- **Où les étudiants passent-ils** du temps ?
	- **Où est-ce que les étudiants passent** du temps ?
Sophie	- Les étudiants passent du temps au café.
Sébastien	- **Qui rencontrent-ils** au café ?
	- **Qui est-ce qu'ils rencontrent** au café ?
Sophie	- Ils y rencontrent leurs amis.
Sébastien	- **Quand** y **vont-ils** ?
	- **Quand est-ce qu'ils** y **vont** ?
Sophie	- Ils y vont après leurs classes.
Sébastien	- **De quoi parlent-ils** ?
	- **De quoi est-ce qu'ils parlent** ?
Sophie	- Ils parlent de leurs cours, de politique, ... Que pourrais-tu me raconter au sujet des jeunes en Amérique du Nord ?

LA VIE UNIVERSITAIRE

D'après Sébastien qui a étudié aux Etats-Unis, lorsque les lycéens **finissent** leur dernière année, ils **veulent** aller à l'université et en sortir avec un diplôme que l'on **obtient** en quatre ans. Grâce à Sébastien, Sophie a appris ce qui suit au sujet de la vie universitaire américaine.

« Tous ces futurs avocats, médecins, diplomates, journalistes et autres professionnels, **suivent** des cours obligatoires ainsi que facultatifs et **ne sèchent pas** leurs classes. Au début de chaque semestre, ils **choisissent** plusieurs matières, par exemple, l'informatique, la littérature, les mathématiques, l'économie. Ils **peuvent** se spécialiser en anglais, en histoire, en chimie… Certains d'entre eux **ont** des emplois du temps chargés à cause de tous leurs devoirs : ils **écrivent** des dissertations, **lisent** de nombreuses pages sélectionnées par leurs professeurs et **apprennent** énormément, **font** plusieurs exercices écrits et **se préparent** à passer leurs tests.

Ces jeunes, intelligents et sans doute, de grosses têtes, **réussissent** très bien à leurs examens. (Il **faut** savoir qu'à l'université, comme dans n'importe quel autre établissement scolaire, les notes qu'on **reçoit** sont importantes et **permettent** de déterminer si l'apprenant **comprend** ou pas le sujet.) Ils **étudient**, ils **bûchent** des nuits entières et de temps en temps, ils **dorment** pendant les cours. Alors, que **peut**-on dire du quotidien de l'étudiant typique ?

Selon des universitaires que ma famille et moi **connaissons**, ces adultes **vivent** avec des camarades de chambre dans des résidences universitaires. Ils **adorent** faire la grasse matinée le week-end, mais en semaine, ils n'ont pas cette chance, ils **doivent** assister à des cours le matin. De plus, ils **passent** du temps à la bibliothèque, **surfent** sur le net pour leurs recherches et **envoient** des courriels. Aucun d'entre eux ne **perd** son temps. A l'heure des repas, ils **se rendent** au restau-U et **retrouvent** leurs copains. Concernés par leur santé, ils **essaient/essayent** de rester en forme : ils **se promènent** ou **courent** régulièrement.

Une enseignante avec qui mes parents ont sympathisé, nous a raconté ceci : " quand je **souhaite** à mes étudiants une bonne fin de semaine, on me **répond**, par exemple : ' merci. En général, le samedi, mes amis et moi, nous **commençons** la journée par un jogging jusqu'aux monuments puis, soit nous **mangeons** un petit déjeuner copieux dans un café où l'on **sert** des viennoiseries, soit nous **prenons** un brunch dans un restaurant en ville. Nous nous **asseyons** à la terrasse s'il **fait** bon et s'il **ne pleut pas**. Après, nous **faisons** les magasins (parfois, nous **n'achetons**

rien) ou nous **jouons** au foot ou au tennis. Le soir, nous **donnons** des coups de fil et quelquefois, nous **sortons** pour aller en boîte (nous **ne conduisons pas**, bien sûr). Sinon, soit des camarades nous **reçoivent** chez eux et nous leur **offrons** un cadeau, soit des connaissances **viennent** nous rendre visite. Dans les deux cas, nous **passons** un moment plaisant ensemble. Le dimanche, nous **étudions**, mais des personnes **travaillent** également à temps partiel. Après deux jours agréables, la semaine **reprend** le lundi matin ; nous nous **levons** quinze minutes avant notre première classe à moins que nos voisins ne nous réveillent par leur bruit et tout le monde se **lève** plus tôt que prévu. ' "

D'ailleurs, une fois, cette prof m'a posé les questions suivantes : " Sébastien, quels cours **suivez**-vous ce semestre ? Que **faites**-vous le week-end ? Que **préférez**-vous, vous lever tard ou de bon matin ? Votre camarade de chambre **espère-t**-il que vous ne serez pas bruyant le soir ou à l'aurore ? Les étudiants **se demandent**-ils ce que font les profs ? Moi, je me **lève** tous les jours de bonne heure, je **prends** le petit déjeuner et ensuite, soit je **vais** à l'université, soit je me **mets** à corriger des tests. De plus, je **nettoie** mon appartement et je me **détends** en fin de semaine. "

Qui que nous soyons, la vie universitaire est, plus ou moins, la même pour tout le monde. »

LE COURS PREFERE DE FABRIZIO

Fabrizio, une connaissance de Sophie, **étudie** dans une université américaine. Il lui **envoie** régulièrement un courriel qu'elle partage avec les amis du jeune homme. Dans celui qu'elle vient de recevoir, un cours auquel il assiste en est le sujet.

Bonjour Sophie,

J'ai cette classe à 9h00 tous les jours. Pour certains étudiants, **c'est** trop tôt car ils **arrivent** avec de petits yeux et tout le monde **voit** qu'ils **viennent** de se lever. Ils **entrent** dans la salle de classe et **disent** bonjour ou **vont** directement s'asseoir là où ils **trouvent** une place inoccupée.

Quand le professeur **pose** une question, tous **répondent** en même temps ; l'enseignant ne les **comprend** pas et alors, un seul d'entre eux **répète** la réponse. S'ils **peuvent** être fatigués, ils **ont** beaucoup d'enthousiasme et ils **veulent** apprendre. Je **sais** qu'ils **réussissent** à merveille : le prof **n'a** vraiment rien à dire quand il **rend** les examens ; ces jeunes **comprennent** très bien ce qu'il **essaie/essaye** de leur enseigner. Je **dois** ajouter que ce groupe **rit** beaucoup. A mon avis, si nous **pouvons** apprendre dans une atmosphère agréable et sérieuse, nous **nous trouvons** dans des conditions idéales.

Dans ce cours, nous **voyageons** d'un continent à un autre grâce à ces futurs diplômés. L'un d'entre eux **vient** de Grèce, un autre d'Afrique du Sud, plusieurs d'Asie et bien sûr, d'Amérique du Nord. Il **faut** que je te dise ceci : comme tu le **sais**, au début du semestre, chaque prof **doit** très vite identifier ses étudiants et je **crois** que les prénoms de mes camarades de classe ont aidé le nôtre parce que nous **nous déplaçons** dans l'univers de la culture : un jeune homme **porte** le titre d'un film américain et une jeune fille, celui d'une chanson française ; plusieurs **ont** le prénom d'acteurs, d'actrices ou de leurs rôles tandis qu'un jeune homme au look de surfeur (et coïncidence, il **fait** du surf) **répond** à celui d'une marque de vêtements prestigieuse ; un autre **se prénomme** comme un écrivain français du dix-neuvième siècle. Deux du groupe **partagent** le même prénom, mais orthographié différemment d'où une prononciation légèrement différente. Et pour finir, si l'un d'eux, un rouquin aux yeux bleus, faisait du théâtre, il pourrait jouer le rôle du *Petit Prince* de St-Exupéry parce qu'il **ressemble** à l'habitant de l'astéroïde B 612.

Je **suis** le premier dans la salle. Dès que le prof **arrive**, les personnes assises à leur pupitre **commencent** à lui parler. Je **pense** que les étudiants et l'enseignant **adorent** le cours. Quant à moi, même si mes autres profs **offrent** des cours intéressants, je **préfère** celui de 9h00. Au moment de partir, mes pairs **disent** au prof « au revoir, à demain, bonne journée » et il y en a même un qui lui **dit** « salut ».

Je **vis** sur un beau campus, je ne **mets** que cinq minutes pour arriver en classe, je **me promène** dans une très belle ville quand il **fait** bon et je **connais** des jeunes fantastiques. Quelle chance ! Bon ! Maintenant, je **dois** étudier pour mon cours favori. **J'attends** avec impatience d'avoir des nouvelles de vous tous.

Bonne journée,

Fabrizio

FABRIZIO ATTEND D'ENTRER AU RESTAU-U

Dans un autre courriel à ses amis, Fabrizio leur fait part de quelques observations.

Salut tout le monde,

Comme vous le savez, j'adore manger ! **Voulant** goûter à toutes les différentes cuisines offertes à Washington, le soir ou le week-end, je me rends dans l'un des nombreux restaurants de cette ville (même **en restant** plus d'un an, je ne réussirai jamais à commander tous leurs plats). En semaine, à l'heure du déjeuner, faute de temps, je vais dans un restau-U sur le campus.

Aujourd'hui, **en allant** à cette cafétéria qui ne se trouve pas très loin de chez moi, j'ai croisé énormément d'étudiants **marchant** dans toutes les directions. Arrivé au « réfectoire », j'en ai remarqué plusieurs **riant** très fort. Apparemment, l'un d'eux racontait une histoire **amusante**. M'étant assis sur un banc tout près de l'entrée du restau-U et **en attendant** l'ouverture des portes, j'ai eu droit à une bonne dose de rires. Le seul jeune homme du groupe **ayant** dans les mains un sandwich et un muffin, a annoncé qu'il mangerait sous un arbre tout **en finissant** d'écrire une dissertation qu'il était impératif de remettre à un prof avant la fin de l'après-midi. **Sachant** qu'il ne voulait pas perdre de temps, il a souhaité « bon appétit » à ses amies et il les a quittées.

D'après moi, les jeunes filles suivaient le même cours parce que l'une d'entre elles, une brunette aux yeux verts a dit : « est-ce que Madame a annoncé la date de l'interrogation écrite de cette semaine ? » **En roulant** de gros yeux surpris et **en rigolant** de plus belle, l'étudiante aux traits apaches bien fins lui a rappelé que l'interro avait lieu le même jour chaque semaine. A ce moment-là, la blonde aux cheveux raides, **soupirant** très fort, a mentionné qu'elle avait encore oublié d'apporter son livre. (Pendant la période de mi-semestre, des personnes **dormant** moins, **mangeant** rapidement et **ne prenant pas** de pause parce qu'elles étudient constamment, peuvent être tête en l'air.) **En parlant** d'oubli, la brune aux cheveux longs lui a répondu qu'il lui fallait envoyer au plus vite une lettre qu'elle devait poster depuis trois jours. Puis, la blonde aux cheveux bouclés **portant** un sac de sport et **tenant** à la main un bâton de hockey leur a fait savoir qu'elle avait faim.

En écoutant leur conversation, le temps s'est écoulé et finalement, je suis entré dans la cafétéria. J'ai remarqué **qu'en passant** à la caisse, chaque jeune tendait à la caissière sa carte d'étudiant avant de choisir son repas et à mon tour, j'ai donné la mienne. **En faisant** mon choix à un stand, j'ai entendu de nouveau ces rires que j'ai reconnus. Je me suis retourné et j'ai vu ces cinq jeunes filles **se dirigeant** vers une table inoccupée près d'une large fenêtre **donnant** sur le fleuve. J'ai pensé : « voilà des personnes **souriantes** et heureuses ! » Et dire que j'aurais pu ne pas étudier à l'étranger ! L'université, les cours, les gens, tout est super ici. Et si... ! Et si... ! Et si... !

A plus, mes amis !

A QUOI FABRIZIO PENSAIT-IL ?

Tout en déjeunant, Fabrizio réfléchissait ; les jeunes autour de lui voyaient bien qu'il était perdu dans ses pensées. Que lui chuchotait la petite voix à son oreille ?

« Avant mon départ, Sophie m'a dit que **j'aurais** beaucoup à raconter à mon retour. C'est bien vrai ! Si je n'avais pas pris la décision de m'envoler pour les USA, je **n'aurais pas connu** toutes les personnes que j'ai rencontrées. Lorsque je **partirai**, je serai bien triste, mais je sais ceci : dès que je le pourrai, je **reviendrai**.

Si j'en ai la possibilité, je **resterai** pour faire une maîtrise. Si j'en **obtiens** une, je chercherai un travail dans ce pays. Par la suite, **j'inviterai** mes copains à me rendre visite. En attendant, s'ils finissaient leurs cours avant que je ne termine les miens, ils **pourraient** venir ici avant la fin du semestre. (D'habitude, s'ils ont la chance d'avoir plus de deux semaines de congé, ils **passent** leurs vacances à l'étranger.) D'ailleurs, dimanche, quand je déjeunais avec mon camarade de chambre, ce dernier m'a lancé : " si tu téléphones à tes amis, **dis**-leur que je serais heureux de faire leur connaissance. " Tiens ! Aussitôt que j'aurai fini mon repas, je leur **enverrai** un SMS pour leur donner le bonjour " des States ". (Quand ils l'auront reçu, ils me le **feront** savoir parce qu'ils me **contacteront**.) Ensuite, s'il fait beau, **j'irai** faire du jogging du côté des monuments pendant une heure. Si je **ne devais pas** finir de rédiger une dissertation, je ne passerais pas tant de temps à la bibliothèque. (Si je lisais plus en anglais, **j'améliorerais** mon expression écrite.) Si je **l'écris** assez rapidement, je dînerai en ville ».

Après avoir terminé de manger, Fabrizio s'est levé, a pris son plateau, l'a déposé là où il fallait et a quitté le restau-U.

COURRIEL DE SOPHIE A FABRIZIO

Cher Fabrizio,

Ton message nous a fait plaisir. Nous sommes ravis que tu te plaises à Washington et nous avons un tas de questions à te poser.

- Parles-tu français avec tes amis américains ?

- Je **ne** parle **pas** français avec mes amis américains.

- As-tu rencontré quelqu'un qui parle basque ?

- Je **n'**ai rencontré **personne** qui parle basque.

- As-tu déjà visité des endroits touristiques éloignés de la capitale ?

- Je **n'**ai **pas encore** visité d'endroits touristiques éloignés de la capitale.

- Quelqu'un va-t-il flâner dans les rues de la ville avec toi ?

- **Personne ne** va flâner dans les rues de la ville avec moi.

- Sèches-tu quelquefois les cours ?

- Je **ne** sèche **jamais les** cours.

- As-tu quelques cours que tu trouves difficiles ?

- Je **n**'ai **aucun** cours que je trouve difficil**e**.

- Y-a-t-il des étudiants qui dorment en classe ?

- Il **n**'y a pas **d**'étudiants qui **dorment** en classe. Toutefois, il arrive que certains s'endorment dans les couloirs entre deux cours, surtout pendant la période des examens de mi-semestre.

- En classe, tu dois écouter et participer. Fais-tu quelque chose d'autre comme par exemple, envoyer des textos ?

- Je **ne** fais **rien** d'autre.

- Nous savons que tu es content, mais est-ce que quelque chose te préoccupe ?

- **Rien ne** me préoccupe.

- Etudies-tu encore le week-end ?

- Je **n**'étudie **plus** le week-end.

- Jusqu'à présent, as-tu toujours dîné au même endroit en semaine ?

- Je **n**'ai **jamais** dîné au même endroit en semaine.

- Commandes-tu parfois des frites avec du ketchup ?

- Je **ne** commande **jamais de** frites avec du ketchup.

- Bois-tu des boissons gazeuses ou du thé glacé ?

- Je **ne** bois **ni** boissons gazeuses **ni** thé glacé.

- Tu adores faire du surf. En fais-tu toujours ?

- Je **n**'en fais **plus**.

- Tes amis américains font-ils du surf ?

- Mes amis américains **ne** font **pas de** surf.

- Préfèrent-ils le paddle ou la plongée ?

- Ils **ne** préfèrent **ni** le paddle **ni** la plongée.

    Nous attendons tes réponses avec impatience. Bonne continuation. Donne-nous de tes nouvelles. A bientôt.

Sophie

QUELLE PROFESSION EXERCER ?

Chacun suit une filière qui lui permettra d'accéder à la profession de son choix. Sophie se remémore l'époque où on lui a demandé à maintes reprises ce qu'elle aimerait faire dans le futur. Sa réponse n'a jamais changé.

« Dans mon enfance, j'ai essayé d'apprendre le basque **en discutant** avec mes camarades. Cette langue avec des variantes **est utilisée** dans tout le Pays basque, français et espagnol, et le nombre de personnes la **parlant** augmente chaque année. Quant à moi, **comprenant** l'espagnol, l'anglais et un peu le basque, je pourrais être interprète. Nous rencontrons de plus en plus d'Américains et de Britanniques à Donostia, à St-Jean-de-Luz, à Bayonne et à Biarritz, la Californie française. **Ayant visité** ces villes, j'ai remarqué qu'on s'y exprimait en euskara et dans les langues de Cervantès et Shakespeare.

Même si je voudrais vivre à longueur d'année dans la région où Maurice Ravel est né, je n'ignore pas que trouver du travail sera difficile et je devrais envisager d'autres professions. Par exemple, **en devenant** journaliste, je visiterais la planète et tout **en voyageant**, apprendre de nouvelles langues m'apporterait un plus. Cependant, après un certain temps, **étant allée** dans plusieurs pays, j'aurais sans doute envie d'arrêter de couvrir des évènements à l'étranger.

Ainsi donc, une idée m'a traversé l'esprit : si je m'installais à l'ancienne frontière franco-espagnole, j'ouvrirais mon cabinet d'avocat puisque je me serais spécialisée en droit international. **Sachant** qu'il y a peu de firmes dans les petites villes, **ayant** la mienne dans un tel lieu me permettrait de gagner ma vie. Toutefois, j'aimerais habiter à cet endroit pour une autre raison : **faisant** de la voile régulièrement et les sports nautiques y **étant pratiqués** une grande partie de l'année, il serait formidable de sortir en mer pour me détendre. De plus, **étant** à proximité du rivage, j'écrirais des romans tout **en contemplant** le Grand Bleu et les phrases se dérouleraient comme le rouleau qui enveloppe le surfeur.

Le rêve **étant permis**, pourquoi ne pas rêver ? Et un jour, **en repensant** à aujourd'hui, je me dirai que tout peut arriver et que j'ai fait le meilleur choix. »

DECISIONS, DECISIONS !

Dans la vie, il est important que nous **fassions** un travail qui nous plaise ; de plus, il est nécessaire que nous **ayons** une passion pour ce que nous faisons.

En France, il est vrai que beaucoup de jeunes, à un très jeune âge, **savent** quelle profession ils souhaitent exercer, mais il est évident qu'ils **peuvent** changer d'avis avant **d'entrer** en classe de première. Des adolescents croient que le système éducatif français **est** trop exigeant, mais d'autres ne pensent pas qu'il le **soit**. Quant aux parents, quel est leur point de vue ?

D'après eux, on apprenait plus à leur époque. Les adultes désirent que leurs enfants **reçoivent** une bonne éducation et **aient** une meilleure vie que la leur. Ils veulent **assurer** à leur progéniture un bel avenir. Tous espèrent que leurs fils et leurs filles **obtiendront** le Bac avec la mention « Très bien » et **deviendront** avocats, médecins ou **auront** une profession dans le paramédical. Bien que chacun d'entre eux **sache** que le parcours s'avère parfois difficile, aucun n'a l'intention d'abandonner ses rêves. La meilleure attitude que nous **devions** tous adopter est celle de la ténacité. Connaissez-vous un jeune qui **dise/ait dit** ne pas avoir envie d'aller à la fac ?

En fait, nous en avons rencontré plusieurs qui ont délaissé les bancs de l'école parce qu'ils **préféraient** avoir un travail manuel et gagner un salaire. Quelques-uns exercent maintenant comme maçons, plombiers, boulangers… Depuis plusieurs années, des ados comptent **être** stagiaires dans une entreprise et suivre en parallèle quelques heures de cours par semaine. Parmi eux, certains aimeraient que plus de stages **soient** offerts parce que ces formations leur **permettraient** de réussir à avoir un contrat à durée déterminée (CDD). Dans cette optique, les chefs d'entreprise ont la certitude que moins de jeunes **souffriront** du chômage, mais à condition que les stagiaires **veuillent** continuer dans la même voie.

En conclusion, il est essentiel que nous **réfléchissions** très tôt à la filière qui nous plairait **afin d'être** heureux dans notre vie professionnelle. Dans un monde où les diplômes règnent en maître, nous pensons que tous les lycéens **doivent** avoir le Bac. Dans chaque famille, les seules personnes qui en **comprennent** l'importance sont les parents du futur bachelier.

UN BOULOT POUR L'ETE

Habituellement, pendant **les** vacances d'été, **les/des** jeunes essaient de trouver **un** boulot saisonnier. Comment doivent-ils procéder ?

Tout d'abord, écrivez **une** lettre de motivation et **un** curriculum vitae dans lequel seront mentionnés **le** nom et l'âge **du** candidat, **le** parcours scolaire et l'expérience dans **le** monde du travail. Parfois, certains adolescents préparant **un** BEP font **un** stage en même temps qu'ils suivent **des** cours **au** lycée et cela pourrait aider à l'obtention **d'un** emploi. Pour ceux qui n'ont pas d'expérience, ne vous inquiétez pas car après tout, il ne s'agit que **d'un** job de quelques semaines. Ensuite, consultez **les** petites annonces dans **des** journaux quotidiens comme le Sud-Ouest, le Monde ou bien, rendez-vous dans **une** agence d'intérim. Cependant, il serait bon de savoir que beaucoup **de** lycéens obtiennent **un** boulot temporaire là où l'un de leurs parents travaille.

Une fois que **le** chercheur d'emploi trouvera **le** poste qui l'intéresse, il soumettra son CV accompagné de sa lettre de motivation et attendra **un** coup de fil ou **un** courrier dans lequel on lui proposera **un** entretien d'embauche. Avec **de la** chance, il recevra **des** nouvelles assez rapidement. Dans l'intervalle, afin de bien présenter, **le** jeune homme ou **la** jeune fille s'assurera de posséder dans sa garde-robe **une** tenue professionnelle.

Le jour de l'interview, prenez **un** bon petit déjeuner : **un** jus de fruits, **un/du** café, un peu **de** café avec beaucoup **de** lait, **des** céréales ou **une** viennoiserie ou encore deux tartines avec **du** beurre et **de la** confiture. Si vous n'aimez pas **le** café, buvez **un** chocolat chaud **sans sucre** ou avec **du** sucre. Si la journée s'annonce chargée, choisissez **un** brunch : **des** œufs, **du** bacon, **des** pommes de terre râpées, **un** petit pain et **un/du** fromage crémeux, et pour finir **un** fruit, par exemple, **une** banane, **une** pomme, **de la** pastèque ou **des** morceaux **de** melon. Ce n'est pas vraiment **un** repas léger, mais vous devez manger comme il se doit ce jour-là. Attention ! Ne mâchouillez pas **de** chewing-gum durant l'entretien.

Si vous suivez **les** conseils qui viennent de vous être donnés, vous mettrez toutes **les** chances de votre côté pour être embauché. N'oubliez pas que **la** concurrence pourrait être rude, mais avec **de la** persévérance, vous arriverez à bon port.

HISTOIRE D'UNE ENTREPRISE

Dans le passé, Léonard a bossé pendant un été dans l'entreprise de son oncle. Que peut-il dire de cette PME ?

La firme de mon oncle compte **probablement** une vingtaine d'employés. Le frère de mon père a atteint **lentement**, mais **sûrement** le succès. Cette année, il a encore embauché trois chômeurs. Il gère **bien** et **énergiquement** sa boîte pour laquelle il fait **constamment** de la publicité, mais les produits chinois représentent **vraiment** un problème. Toutefois, à son avis, ce qu'il fabrique est **évidemment** de meilleure qualité. **Naturellement**, ses clients viennent de sa région et des alentours. Peut-être qu'un jour, il se mettra à vendre par Internet.

Ses salariés ne travaillent pas **longuement** comme ceux de la R.P.C. parce qu'ils passent **seulement** huit heures par jour sur leur lieu de travail. Néanmoins, le patron les encourage **également** à considérer l'emploi à mi-temps. Quand les affaires ont été plus que fructueuses pendant les douze derniers mois, il récompense **généreusement** ses employés avec une bonne prime de fin d'année. De plus, il ne leur parle pas **sèchement** quand un mois après avoir été recruté, on lui demande **naïvement** une augmentation.

Depuis l'ouverture de son affaire, il n'a **certainement** licencié personne. S'il faisait faillite, il serait **assurément** bouleversé.

ETRE MONITEUR DANS UNE ECOLE DE SURF

De nos jours, pendant la période estivale, Léonard est rémunéré en tant que moniteur de surf. A l'approche de l'été, il téléphone au directeur d'une école de surf.

AU TELEPHONE

Léonard	- Bonjour, Monsieur. **Est-ce que** vous êtes bien le directeur de l'Ecole de Surf *Mantsotu Olatua** (**Apprivoisons la vague* en basque) ?
Le directeur	- Oui, c'est bien moi. **Que** désirez-vous ?
Léonard	- Voilà, j'ai l'habitude de travailler dans une école de surf en été. Je vais bientôt déménager et je voudrais continuer à donner des cours. Votre équipe est-elle au complet ou bien recherchez-vous des moniteurs diplômés d'Etat ?
Le directeur	- La saison n'a pas encore commencé, donc, il s'avère un peu tôt pour le savoir. Néanmoins, j'aimerais constituer un dossier et vous poser quelques questions. **Quel** est votre nom ?
Léonard	- Je m'appelle Léonard Brinaldi.
Le directeur	**- D'où est-ce que** vous venez ?
Léonard	- D'Hossegor.
Le directeur	- Pendant **combien de** saisons avez-vous été moniteur ?
Léonard	- J'en ai déjà fait quatre de cinq mois.
Le directeur	- **Où** les avez-vous faites ?
Léonard	- A Hossegor.
Le directeur	- **Quelle** est votre profession ?
Léonard	- Pour le moment, je suis stagiaire dans un cabinet d'avocats ; l'année prochaine, je prêterai serment pour exercer en tant qu'avocat à mon compte.
Le directeur	- Bien ! Seriez-vous disponible pour un entretien lundi prochain à 10h00 ?
Léonard	- Oui, absolument ! Je vous remercie. A lundi prochain.

LEONARD APPELLE SOPHIE

Sophie — Ah ! Ton appel tombe bien, j'ai quelque chose à te dire.

Léonard — Moi aussi !

Sophie — **De quoi** s'agit-il ?

Léonard — Devine **avec qui est-ce que** je viens de parler ?

Sophie — Je ne sais pas. Avec ton frère qui fait partie d'une expédition en Antarctique ?

Léonard — Mais non, voyons ! La semaine prochaine, je vais rencontrer le directeur d'une école de surf.

Sophie — Super ! **Avec qui** as-tu discuté ? Avec quelqu'un qui a une école dans la ville où tu habiteras ?

Léonard — Viens prendre un pot cet après-midi avec moi ; je répondrai à ta question et tu me diras ce qui t'est arrivé d'important.

Sophie — Entendu. **Où** nous retrouverons-nous ?

Léonard — Au café devant le casino.

Sophie — OK. A tout à l'heure, à 16h00 ?

Léonard — Ça marche.

LE LUNDI SUIVANT DANS LE BUREAU DU DIRECTEUR

Le directeur — **Quelle** formation avez-vous eue ?

Léonard — J'ai suivi une formation longue de dix mois et pour cela, je suis allé dans un centre de surf à Carcans, en Gironde.

Le directeur — **Qu'est-ce que** vous avez passé à la fin de cet encadrement ?

Léonard — J'ai planché sur un examen écrit et un autre oral auxquels j'ai réussi haut la main et j'ai obtenu mon diplôme d'état.

Le directeur — Très bien ! Etes-vous en règle pour offrir vos services de moniteur ?

Léonard — **Qu'est-ce que** vous voulez dire ? Me demandez-vous si je possède ma carte-pro ? Bien sûr !

Le directeur — **Quand** la renouvellerez-vous ?

Léonard — L'année prochaine.

Le directeur — Bon ! **Quel** sera votre statut, celui d'indépendant ou de salarié ?

Léonard — D'indépendant ; je souhaite un job de quelques heures par jour pour me détendre tout en gagnant un salaire pour subvenir à mes besoins.

Le directeur — **Combien d'**heures par jour aimeriez-vous travailler ?

Léonard — Quatre heures.

Le directeur — **Quels** jours de la semaine pensez-vous venir au Club ?

Léonard — Tous les jours !

Le directeur — Nos élèves ont le choix entre deux horaires le matin et quatre l'après-midi ; chaque cours dure deux heures. **Lesquels** préféreriez-vous ?

Léonard	- Ceux du matin et ensuite, je serai prêt à me rendre au cabinet d'avocats.
Le directeur	- **Pourquoi est-ce que** vous faites du surf ?
Léonard	- Parce que j'adore ce sport nautique.
Le directeur	- **Qu'est-ce qui** importe le plus pour vous, former de futurs surfeurs, peut-être pour les J.O. de 2020 ou vivre votre passion ?
Léonard	- Les deux.
Le directeur	- **De quoi** désirez-vous vous entretenir maintenant ?
Léonard	- J'aimerais parler de ma rémunération. **Quelles** sont vos questions à ce sujet ?
Le directeur	- **Quel** tarif demandez-vous par heure de cours ? Mais avant tout, laissez-moi mentionner ceci : à cause de votre profession juridique, aurez-vous le temps nécessaire pour nos jeunes qui souhaitent « apprivoiser la vague » ? De plus, **qui/ qui est-ce qui** désirerait travailler plus qu'il ne le faut ?
Léonard	- Monsieur, il n'existe pas d'incompatibilité entre avoir une activité professionnelle à plein-temps et faire du sport. **Qui/qui est-ce qui** serait en mesure de dire le contraire ?
Le directeur	- Jeune homme, je partage votre enthousiasme et j'admire votre détermination. En tant qu'employeur, je dois m'assurer que vous vous donnerez à 100% ici. **Quand** pourrez-vous joindre notre équipe ?
Léonard	- Dès que vous commencerez la saison. *Milesker** ! *(*merci en basque)*

APERÇU DE LA MYTHOLOGIE BASQUE EN PEINTURE

Quand Léonard retrouve Sophie au café à 16h00.

Léonard — Quelle est **cette** nouvelle importante ?

Sophie — Hier, en attendant au rond-point, à **cet** arrêt d'autobus, **ce** petit bus bleu populaire dans la région, ma sœur a rencontré une personne avec qui elle a entamé une conversation qui a débouché sur l'impressionnisme. **Cette** dame lui a fait savoir qu'à 19h00, dans **ce** centre culturel qui se trouve proche de la digue, « un vernissage et une causerie » auraient lieu au sujet de la mythologie basque. Ma sœur, passionnée de peinture, s'est rendue à **cette** exposition et **ce** matin, elle m'a dit **ceci** :

« Quand je suis entrée dans **cette** grande salle aux murs blancs recouverts de **ces** tableaux abstraits, je ne sais pas pourquoi, j'ai pensé à **ceux** de Matisse bien que le style des deux peintres soit extrêmement différent, rien de comparable. Puis, j'ai observé de plus près **ces** œuvres qui mêlaient à la peinture, le collage et la photo. Je dois t'avouer que ne sachant rien de la mythologie basque, je ne comprenais pas ce que **cet** artiste, David Joly, voulait communiquer. Cependant, quand **cet** ancien professeur de physique, Claude Labat, a pris la parole pour les interpréter, tout s'est éclairé comme par magie (et **cela** n'est pas de la sorcellerie ☺). Grâce à **cette** présentation fantastique, peut-être que la mythologie deviendrait ma tasse de thé. Ecoute !

Suite à l'explication de **ces** mythes, j'ai appris que la lumière « egu » qui baigne les paysages, l'environnement où la montagne domine, est **celle** de la connaissance. En parallèle, l'obscurité, **cette** « collaboratrice de la lumière » qui habite les cavernes, les grottes où les êtres mythiques basques vivent, permet non seulement de s'instruire, mais également de vivre mieux.

Dans **cet** univers mystérieux, l'ours symbolise l'homme, mais **cela** a changé avec l'arrivée du christianisme et l'apparition du singe. **Ceux** qui sont appelés « les gentils », en fait les païens, se sont suicidés et la sorcellerie et « les sorgins » ont émergé à travers **ces** forêts d'ossements (**ces** os, dit-on, servaient de chandelles). D'ailleurs, dans un de **ces** tableaux, les racines de troncs d'arbres coupées illustrent **cette** nouvelle culture. Par contre, dans un autre, la représentation du milieu urbain consiste en une régénération des mythes, une évolution des cultures. La ville, lieu de perdition que l'on fuit, se transforme en un endroit de solidarité où les murs nous parlent et nous permettent de nous exprimer.

Grâce à **ce** conteur, nous avons voyagé dans un curieux univers. Je suis allée à de nombreuses expositions, mais **celle-ci**, qui m'a fascinée (comme **celle** de Monet au Grand Palais en 2010), est la plus originale, la plus abstraite que j'aie vue. Une fois la présentation terminée, j'ai eu la chance de m'entretenir avec **ce** spécialiste de la mythologie basque ; à bien des égards, il m'a rappelé quelqu'un qui savait raconter avec **cette** verve remarquable qui n'est pas donnée à tout le monde. »

Léonard — **C**'est fascinant ! **Cela** me donne envie de lire à **ce** sujet.

Sophie — **C**'est également ce que j'ai dit à ma sœur. Pour son anniversaire, je sais ce que je lui offrirai.

Léonard — Un livre sur la mythologie basque ?

Sophie — Oui, mais lequel ? Sûrement **celui** dont Monsieur Labat a parlé.

David Joly - Etxe

QUAND ON VOLE DE SES PROPRES AILES

Avant de partir du café, Léonard fait savoir à Sophie qu'il cherche un logement, ce qui va la faire remonter dans le temps : après avoir été diplômée d'une fac de droit et avoir ouvert son cabinet d'avocat, Sophie a emménagé dans son propre appartement et a dû faire **des** achats. Un week-end, sa sœur lui a rendu visite et elles sont allées faire du shopping. De retour au bercail, la cadette s'est empressée de raconter son séjour chez Sophie à l'une de ses amies.

« Pour **la** cuisine, Sophie s'est procuré **un** presse-agrumes, **une** cafetière, **un** grille-pain, **une** bouilloire et **un** moulin à café, et cela ne me surprend pas. Le matin, chez nos parents, elle avait toujours **un** grand verre **de** jus d'orange fait maison (maintenant, grâce **au** presse-agrumes tout neuf, elle va boire **du/un** jus d'orange frais chaque jour puisqu'elle adore **le** jus d'orange). Ensuite, après l'avoir bu, elle se préparait **du/un** café ; elle buvait beaucoup **de** café avec **du** lait, mais **sans sucre** car elle trouvait que **le** café avait meilleur goût ainsi. Elle faisait rarement **du** thé, elle détestait **le** thé au petit déjeuner. Tout en savourant son café, elle mangeait **du** pain grillé avec **du** beurre et **de la** confiture (elle tartinait **plusieurs** tranches **de** pain). Samedi dernier, elle n'a acheté **ni** soupière **ni** faitout ; pour l'instant, elle n'a besoin **ni de** soupière **ni de** faitout parce qu'elle cuisine très peu. Il faut dire qu'elle a repéré **des** restaurants où **les** chefs cuisiniers sont **d'**excellents cuistots.

Dans son restaurant favori où nous avons mangé deux fois, **les** tables sans nappe, **le** service exceptionnel, **les** mets succulents et **les** serveurs sympathiques rendent ce lieu populaire. De plus, elle a laissé **un** bon pourboire parce que l'addition ne coûtait pas les yeux de la tête. Au déjeuner, elle n'a pas choisi **de** soupe, mais elle a commandé **une** assiette **de** crudités accompagnée **d'un** plat **de** poisson (dans lequel elle a mis **du** sel avant même d'y goûter), **du** fromage et **un** dessert. Elle a dégusté **de la/une** crème glacée ou **un** gâteau et a fini son repas avec **un/du** café.

Le soir, elle a préféré dîner chez elle. Elle n'aime ni **les** plats lourds ni **les** plats en sauce et elle a opté pour **un/du** velouté. Dimanche, dans la soirée, elle m'a surprise : avant de faire **une** infusion, elle a siroté **un** digestif, **de l'**armagnac. Ce n'est vraiment pas **une** bonne idée de prendre **de l'**alcool quand on se nourrit peu. D'après elle, en boire l'aide à s'endormir très vite.

Que s'est-elle offert pour **les** autres pièces ? Je t'en parlerai **une** autre fois. »

A LA RECHERCHE D'UN APPARTEMENT

Si Sophie a trouvé un logement assez vite, Léonard n'est pas encore au bout de ses peines.

Léonard	- Bonjour, Maman.
Sa mère	- Bonjour, Léonard. As-tu acheté le journal ce matin ?
Léonard	- Oui, je **l'ai acheté**. Papa a-t-il lu les petites annonces ?
Sa mère	- Je ne sais pas s'il **les a lues**.
Léonard	- Je cherche toujours un appartement.
Sa mère	- Oh ! Tu **en cherches** toujours **un** ? Nos voisins possèdent un deux pièces dans un quartier paisible de Biarritz. Voudrais-tu louer leur résidence secondaire ?
Léonard	- Non, je **ne le veux pas**.
Sa mère	- Pourquoi ? Ne désires-tu pas habiter en plein centre-ville ?
Léonard	- Si, je **le désire**.
Sa mère	- Prendras-tu ta voiture ?
Léonard	- Non, je **ne la prendrai pas**, mais j'aurai besoin de ma moto. Je n'aime pas être bloqué dans les embouteillages.
Sa mère	- Comme je te comprends. Moi non plus, je **n'aime pas y être bloquée**.
Léonard	- Y-a-t-il beaucoup de magasins proches de leur maison ?
Sa mère	- Oui, il y **en a beaucoup proches** de leur maison.
Léonard	- Moi, j'aime les espaces verts et la mer…
Sa mère	- Je sais que tu **les aimes**, mais réfléchis un peu, être en pleine ville présente des avantages.

Un peu plus tard dans la semaine, le jeune homme rencontre l'un de ses amis qui souhaite trouver un studio. Le même jour, Léonard reparle à sa mère des locations.

Léonard — As-tu discuté avec les voisins de leur pied-à-terre ?

Sa mère — Non, je **n'en ai pas discuté** avec **eux**.

Léonard — Connais-tu le montant du loyer ?

Sa mère — Non, je **ne le connais pas**. Penses-tu à louer leur appartement ?

Léonard — Non, pas du tout, je **n'y pense pas**/je **ne pense pas à le louer**, mais je me renseigne, cela pourrait intéresser un copain.

Sa mère — Vas-tu parler à cet ami après notre conversation ?

Léonard — Non, je **ne vais pas lui parler** aujourd'hui, mais ce week-end quand nous ferons du surf.

Sa mère — Si la mer est houleuse, tu n'**en feras** pas, n'est-ce pas ?

Léonard — Ne t'inquiète pas, Maman, je serai prudent. Revenons à nos moutons…

Sa mère — Veux-tu que je parle de ton copain aux propriétaires ?

Léonard — Oui, je voudrais bien que tu **leur parles de lui**. Au fait, combien de pièces y-a-t-il ?

Sa mère — Je te l'ai déjà dit, il y **en a deux**.

Léonard — Quand vas-tu t'adresser aux voisins ?

Sa mère — Je **vais m'adresser à eux** quand je les verrai, mais Léonard, lis la rubrique des appartements à louer.

Léonard — Bien, Maman, je **vais la lire**.

LOCATAIRES OU PROPRIETAIRES ? A VOUS !

Et vous, seriez-vous plus locataire ou propriétaire ? Pour le savoir, faites le test suivant.

A.

- Avez-vous aidé vos parents quand ils ont déménagé ?

- Je **les** ai aidés/je ne **les** ai pas aidés quand ils ont déménagé.

- Veulent-ils refaire le salon maintenant ?

- Ils veulent **le** refaire/ils ne veulent pas **le** refaire maintenant.

- Téléphonent-ils souvent au plombier ?

- Ils **lui** téléphonent/ils ne **lui** téléphonent pas souvent.

- Vont-ils repeindre les chambres ?

- Ils vont **les** repeindre/ils ne vont pas **les** repeindre.

- Les propriétaires paient-ils la taxe d'habitation ?

- Les propriétaires **la** paient.

B.

- Les propriétaires paient-ils des charges ?

- Les propriétaires **en** paient.

- Les locataires pensent-ils aux propriétaires ?

- Les locataires pensent à **eux**/les locataires ne pensent pas à **eux**.

- La maison dans laquelle vous avez habité dans votre jeunesse était-elle à votre grand-père ?

- Elle était à **lui**/elle n'était pas à **lui**.

- Vos parents ont-ils retapissé plusieurs pièces ?

- Mes parents **en** ont retapissé **plusieurs**/mes parents n'**en** ont pas retapissé **plusieurs**/mes parents n'**en** ont retapissé **aucune**.

- Souhaiteriez-vous acheter une maison secondaire en France ?

- Je souhaiterais **y en** acheter **une**/je ne souhaiterais pas **y en** acheter **une**.

- Vous revenez de l'étranger, n'est-ce pas ?

- J'**en** reviens.

- Avez-vous choisi de beaux tableaux ?

- J'**en** ai choisi **de beaux**.

C.

- Désiriez-vous payer le loyer à vos parents quand vous habitiez chez vos parents ?

- Je désirais/je ne désirais pas **le leur** payer quand j'habitais chez **eux**.

- Avez-vous fait les réparations avec votre père quand il vous l'a demandé ?

- Je **les** ai fait**es**/je ne **les** ai pas fait**es** avec **lui** quand il **me l'**a demandé.

- Avez-vous fait des réparations dans la salle de bains ?

- J'**y en** ai fait/je n'**y en** ai pas fait.

Si vous avez répondu à neuf questions par l'affirmative, vous auriez tendance à être plus propriétaire que locataire.

UN WEEK-END A LA CAMPAGNE

Un samedi après avoir fait du shopping, Sophie et moi nous sommes **attablées** dans un café et ma grande sœur m'a appris que Léonard était toujours en quête d'un appartement. Pourtant, il y a quinze jours, il voulait faire une pause et ses copains et lui **ont passé** le week-end dernier à la campagne. Le dimanche soir, il a appelé Sophie et elle m'a rapporté ce que Léonard lui avait raconté.

« Samedi, il **s'est levé** tôt, **a pris** une douche, **s'est habillé** et **s'est préparé** un café au lait. Puis, il **a descendu** les escaliers et **a sorti** la voiture du garage qu'il **a garée** devant la maison de ses parents. Ensuite, il **est retourné** dans sa chambre pour prendre ses affaires ainsi que sa canne à pêche et les **a mises** dans le coffre. Enfin, il **est parti** pour rejoindre les personnes qui l'attendaient à la gare.

Les jeunes gens **sont arrivés** en pleine campagne vers 11h00 et ils **ont décidé** de planter la tente avant de faire une randonnée. Sur leur chemin, ils **n'ont pas vu** de serpents et après deux heures de marche, ils **se sont reposés** sous un arbre (ils **ne se sont pas parlé**, ils ne sont pas bavards). Ils **se sont détendus** avant de reprendre leur route en direction de la crique où ils pêcheraient. Quand ils **l'ont trouvée**, ils **ont préparé** leurs cannes et ils **se sont demandé**, en pensant à leur dîner, s'ils attraperaient beaucoup de poissons.

Le lendemain matin, dans un petit magasin, ils **ont loué** des vélos pour se balader dans la montagne verdoyante qui surplombait le village. Quel bonheur ! Pas de klaxon, pas de pollution ! Seulement le gazouillis des oiseaux ! Quel environnement paisible ! Lors de leur excursion, ils **ont fait** la connaissance de fermiers qui leur **ont offert** du lait de brebis. Un des jeunes n'en **a pas bu** à cause de son allergie aux produits laitiers. Quand la nuit **a commencé** à tomber, les amis **se sont dirigés** vers la voiture et Léonard les **a reconduits** chez eux avant de rentrer chez lui. »

Et vous, où **êtes-vous allé(s)** samedi? **Avez-vous choisi** de le passer à la campagne ? Si oui, **avez-vous aimé** les produits régionaux que vous **avez mangés** ? **Avez-vous fait** de longues marches ? **Vous êtes-vous reposé(s)** ? J'espère que vous **ne vous êtes pas ennuyé(s)**.

Quant à mes amis et moi, nous **avons visité** un musée d'art moderne, nous **ne nous sommes pas rendus** à la campagne parce que nous préférons la ville même avec ses inconvénients. Ensuite, nous **nous sommes promenés** dans un parc où nous **nous sommes acheté** des crèmes glacées que nous **avons dégustées** tout en marchant.

A la campagne ou à la ville, nous pouvons tous avoir une fin de semaine agréable.

CONSEILS A SUIVRE A LA CAMPAGNE

Après être rentré de son week-end à la campagne et avant de s'endormir, Léonard a pensé à ce que disait sa mère lorsque sa famille et lui allaient camper en fin de semaine.

- **Ne nous levons pas** tard afin d'arriver de bonne heure pour respirer le bon air du matin !

- **Ne vous en allez pas** avant de prendre le petit déjeuner !

- **Achetons-nous** ce dont nous aurons besoin !

- Léonard, **procure-toi** un sac de couchage en duvet pour ne pas avoir froid la nuit !

- **Détendons-nous** sous les arbres quand nous serons fatigués !

- **Promenons-nous** dans des endroits dégagés !

- **Méfie-toi** des animaux quand tu marcheras à l'aveuglette !

- **Ne te sauve pas** devant un loup si tu ne veux pas qu'il te coure après !

- **Rafraîchis-toi** dans une rivière si tu as trop chaud !

- **Ne te trompe pas** de chemin si tu explores la forêt !

- **Amuse-toi** à ramasser des trèfles à quatre feuilles !

- **Ne vous moquez pas** de vos parents s'ils marchent prudemment !

- **Ne vous ennuyez jamais** à la campagne !

- **Sentez-vous** bien quand vous rentrerez à la maison !

- **Disons-nous** que nous reviendrons samedi prochain s'il fait beau !

SAVOIR GERER SON ARGENT

Plusieurs jours après son escapade dans la nature, Léonard a rencontré Sophie en ville et ils ont décidé de prendre un pot. De quoi ont-ils parlé ?

Sophie	- Quand emménageras-tu à Biarritz ?
Léonard	- **J'y** emménagerai dans deux ou trois semaines.
Sophie	- Habiteras-tu avec ton meilleur ami ?
Léonard	- Non, je n'habiterai pas avec **lui**.
Sophie	- Où as-tu trouvé un appartement ?
Léonard	- **J'en** ai trouvé **un** près du Musée de la Mer.
Sophie	- As-tu payé le loyer pour le premier mois ?
Léonard	- Non, je ne **l'**ai pas encore payé.
Sophie	- Vas-tu aller à la banque en face de la médiathèque pour ouvrir un compte courant ?
Léonard	- Oui, je vais **y** aller pour **en** ouvrir un. Connais-tu les employés ?
Sophie	- Je **les** connais. Je **les** ai rencontré**s** quand j'ai ouvert le mien.
Léonard	- Dans quelle langue parles-tu aux employés, en basque ou en français ?
Sophie	- Je **leur** parle en français. Il te faudra une carte bleue et un chéquier. As-tu déjà des chèques ?
Léonard	- **J'en** ai.
Sophie	- Vas-tu utiliser ces chèques ?

Léonard	- Non, je ne vais pas **les** utiliser parce que je vais fermer mon compte actuel.
Sophie	- Dans quelques années, les chèques n'existeraient plus. Savais-tu cela ?
Léonard	- Non, je **l'**ignorais.
Sophie	- Sortiras-tu beaucoup d'argent hebdomadairement ?
Léonard	- Non, je **n'en** retirerai pas **beaucoup**.
Sophie	- Si tu veux économiser, ouvre un compte d'épargne.
Léonard	- Non, je ne **le** veux pas maintenant, je dois de l'argent à quelqu'un.
Sophie	- As-tu emprunté de l'argent à ta mère ?
Léonard	- Oui, je **lui en** ai emprunté.
Sophie	- Vas-tu rembourser ta mère rapidement ?
Léonard	- Oui, je vais **la** rembourser en six mois.
Sophie	- Vivais-tu chez tes parents avant de venir ici ?
Léonard	- Oui, je vivais chez **eux**.
Sophie	- Permets-moi de te donner un conseil : évite d'acheter à crédit et paye comptant. Vas-tu suivre ce conseil ?
Léonard	- Oui, je vais **le** suivre.
Sophie	- Penses-tu souvent à ta famille ?
Léonard	- Oui, je pense souvent à **elle**.
Sophie	- Quand tu étais ado, tes parents te donnaient-ils de l'argent de poche ?
Léonard	- Oui, ils **m'en** donnaient une fois par semaine.
Sophie	- Jetais-tu ton argent par les fenêtres ?
Léonard	- Non, pas du tout, je ne **le** jetais pas par les fenêtres.
Sophie	- Etais-tu un peu dépensier ?
Léonard	- Non, je ne **l'**étais pas.
Sophie	- Avais-tu les moyens de faire des cadeaux à tes parents ?
Léonard	- J'avais les moyens de **leur en** faire.
Sophie	- A mon avis, tu rembourseras ta dette très vite. Bon ! Léonard, je dois me sauver maintenant, j'ai une course à faire. Bienvenue à Biarritz et téléphone-moi quand tu **le** pourras.
Léonard	- C'était chouette de te voir. Moi, je vais surfer. Ciao !

VOUS ET LA BANQUE

Que pourrions-nous apprendre sur vos habitudes bancaires et votre situation financière ?

A.

- Avez-vous parlé à l'employé de banque qui se trouvait à l'accueil ?

- Je **lui** ai parlé/je ne **lui** ai pas parlé.

- Connaissiez-vous la personne avec qui vous vous êtes entretenu(e) ?

- Non, je ne **la** connaissais pas.

- A qui avez-vous communiqué vos coordonnées pour ouvrir un compte courant ?

- Je **les** ai communiqué**es** à un employé de banque.

- Savez-vous qu'il faudra payer des frais de compte pour chaque compte que vous aurez ?

- Je **le** sais.

- Si vous aviez besoin d'argent, téléphoneriez-vous à vos parents ?

- Si j'avais besoin d'argent, je **leur** téléphonerais/je ne **leur** téléphonerais pas.

- Allez-vous demander de l'argent à votre mère ?

- Je vais **lui** demander de l'argent/je ne vais pas **lui** demander d'argent.

B.

- Souhaiteriez-vous aller à la banque chaque semaine ?

- Je souhaiterais **y** aller/je ne souhaiterais pas **y** aller chaque semaine.

- Maintenant, venez-vous de la banque ?

- Non, je n'**en** viens pas.

- Discutez-vous de vos comptes avec le personnel à l'accueil ?

- Je n'**en** discute pas avec **lui**.

- Pensez-vous ouvrir un compte d'épargne ?

- Je pense **en** ouvrir **un**.

- Pensez-vous économiser beaucoup d'argent ?

- Je pense **en** économiser **beaucoup**.

- Devez-vous de l'argent à quelqu'un ?

- J'**en** dois à quelqu'un/je **n'en** dois à **personne**.

- Cet argent est-il à votre mère ?

- Cet argent est à **elle**/cet argent n'est pas à **elle**.

- Avez-vous obtenu des cartes bancaires ?

- J'**en** ai obtenu/je n'**en** ai pas obtenu.

- Allez-vous me parler des employés de banque ?

- Je vais vous parler d'**eux**/je ne vais pas vous parler d'**eux**.

- Vous fiez-vous au banquier ?

- Je me fie à **lui**/je ne me fie pas à **lui**.

- Etes-vous moins riche que les banquiers ?

- Je suis moins riche qu'**eux**.

C.

- Avez-vous déposé les chèques dans le distributeur automatique ?

- Je **les y** ai déposé**s**/je ne **les y** ai pas déposé**s**.

- Venez-vous de prendre des billets au distributeur automatique ?

- Je viens d'**y en** prendre/je ne viens pas d'**y en** prendre.

- Avez-vous donné des chèques à l'employé ?

- Je **lui en** ai donné/je ne **lui en** ai pas donné.

- Comment dites-vous à l'employé de vous rendre votre chèque ?

- Rendez-**le moi**.

- Comment dites-vous à l'employé de ne pas garder votre chèque ?

- Ne **le** gardez pas.

QUELLES COINCIDENCES !

Un après-midi, vers 13h30, Léonard et Sophie se croisent en ville. Que se disent-ils ?

Léonard — Comme tu le sais, je viens d'emménager dans **ma** nouvelle maison ; au lieu de pendre la crémaillère, j'ai préféré avoir une fête pour **mes** parents dimanche dernier et tu as raté **leur** anniversaire de mariage.

Sophie — Oui, je le regrette infiniment, j'aurais tant aimé y être. **Tes** parents ont dû être heureux de le célébrer chez toi. Tu ne devineras jamais ! **Mon** père et **ma** mère fêteront **le leur** la semaine prochaine. Au fait, as-tu accroché **tes** tableaux, ceux qui représentent des scènes de surf ?

Léonard — Oui, **les miens** le sont déjà. J'ai même mis celui que **mon** amie Sophie (sourire) m'a offert en décembre dernier.

Sophie — Tu peins à merveille, je trouve **tes** toiles bien plus belles que **les miennes**, je n'ai pas autant de talent que toi.

Léonard — Ne dis pas cela, ce n'est pas vrai. Sur une autre note : iras-tu chez un traiteur ou cuisineras-tu pour la réception de **tes** parents ?

Sophie — Je ne cuisinerai pas, je viens de me couper **les** doigts en faisant de la voile.

Patxi, un ami du couple, aperçoit de loin Sophie et Léonard ; il se dirige vers eux et les interrompt.

Patxi — Bonjour vous deux, comment ça va ? Comment **vos** parents se portent-ils ?

Sophie — **Les miens** vont bien, je te remercie.

Patxi — Sophie, mon père a rencontré **ton** père à l'aéroport. Mon père a vu **le tien** au comptoir Air France. Incroyable, non ?

DIFFERENTS MOYENS DE NOUS DEPLACER

Dans le passé, on se déplaçait **à** cheval, **à** pied, **en** calèche, **en** bateau. A présent, on va d'un point à un autre **en** voiture, **en** bus, **en** métro, **en** train, **en** avion et même **en** fusée.

Quand le père de Sophie attendait son avion à l'aéroport de Roissy, il a fait la connaissance

d'un groupe d'étudiants américains qui désirait découvrir l'Europe. L'un d'entre eux lui a dit : « nous sommes californiens, donc, nous venons **de** Californie, mais nous sommes partis **du** Massachussetts, **de** Boston très exactement, parce que nous y étudions. Après avoir atterri à Roissy, nous sommes allés **en** taxi à Paris où nous sommes restés quarante-huit heures. Maintenant, nous nous rendons à Madrid, **en** Espagne, pour faire une surprise à ma sœur qui suit des cours à l'Université de Madrid. Ensuite, nous prendrons un train **de** Madrid **à** Biarritz et nous avons l'intention d'être dans la capitale du surf au moins quarante-huit heures. Puis, nous passerons trois jours **en** Allemagne, deux jours **aux** Pays-Bas et le week-end **au** Danemark. Des amis de fac qui viennent **du** Danemark nous ont assuré que les promenades **à** bicyclette sont magnifiques. A la fin de notre voyage, quand nous quitterons **le** Danemark (par conséquent, l'Europe) et retournerons **en** Californie, **aux** Etats-Unis, nous aurons des millions d'histoires à raconter à nos proches. »

Avant d'embarquer, le père de Sophie leur a souhaité un bon séjour **en** Europe.

COMMENT NOUS DEPLAÇONS-NOUS ?

Léonard et Sophie continuent leur tête-à-tête interrompu par leur ami Patxi.

Léonard — Où en étions-nous ? Ah ! **Cet** après-midi, je vais acheter **mon** billet de train pour Paris. En mai, j'assisterai avec des amis à des matchs de tennis à Roland Garros.

Sophie — Dans quelle gare iras-tu ? Dans **celle** qui se trouve le plus près de chez toi ? Réserve **ta** place au plus vite sur le TGV. Enfant, quand je voyageais avec **mes** parents, nous prenions un train de grandes lignes (le TGV n'existait pas) à la gare d'Austerlitz. Pour **ces** trains, il ne fallait pas avoir une place assise. Au fait, si tu quittes Paris en juillet, tu prendras un InOui, le TGV change de nom.

Léonard — Oui, j'en ai entendu parler. Et toi, comment vas-tu te rendre à Paris, fin juin, puisque tu te déplaces pour les soldes ?

Sophie — Il ne s'agit pas seulement des soldes ! J'aime également y faire les musées. Je ne conduirai pas **ma** voiture, mais plutôt **celle** de mon père, **la sienne** est toute neuve. La Peugeot **de** mon père me plaît énormément. Il m'a dit que **cette** voiture est à lui, mais qu'un jour, il me la donnerait. **Cela** me semble super !

Léonard — Tu en as de la chance. **Ton** père te gâte ; ce n'est pas **le mien** qui me ferait cadeau de **la sienne**.

Sophie — Je vais te dire **ceci** : si tu avais besoin d'un véhicule, je suis sûre que **tes** parents te prêteraient **le leur**. De plus, à mon avis, s'ils s'en achetaient un nouveau, ils te laisseraient **celui** qu'ils ont maintenant.

Léonard — N'oublie pas **ton** permis de conduire et mets **ta** ceinture de sécurité. S'il fait sombre, allume les phares de **ta** voiture. Combien de sacs emporteras-tu ?

Sophie — **Ceux** que je prendrai ne sont pas très grands, donc deux, mais sans compter mon favori, **celui** que j'ai acheté en Italie.

Léonard — J'espère que le coffre sera assez spacieux pour tous les paquets que tu auras à **ton** retour.

UNE EXPOSITION AU GRAND PALAIS

Sophie va raconter à Léonard son attente à l'entrée du Grand Palais pour admirer des tableaux de la période impressionniste ; auparavant, elle lui posera des questions auxquelles il ne répondra pas puisqu'elle est une vraie pie.

« Léonard, qu'est-ce que tu **aimes faire** pour te distraire ? Dans la semaine, penses-tu **au** week-end et **à** ce que tu feras ? Demandes-tu **à** tes amis **de** t'accompagner là où tu iras ? Moi, seule ou pas, j'**adore visiter** les musées.

Fin 2010, je **voulais voir** l'exposition sur l'œuvre de Monet au Grand Palais (qui, pendant toute la durée de l'expo, a fermé ses portes très tard le soir à cause des files interminables), la plus belle de ce peintre qui a continué **à** peindre même quand il souffrait de la cataracte. Une connaissance qui avait déjà admiré les toiles du grand maître et à qui j'**ai demandé ce qu**'elle pensait **de** cet évènement, m'a conseillé **de** prévoir ma visite en début d'après-midi. Alors, un jour de décembre, avant les fêtes de fin d'année, j'y suis allée **en** métro ; j'aurais préféré m'y rendre **à** pied, mais il faisait trop froid. Je **comptais arriver** vers 13h00 et partir vers 18h00.

En sortant du métro, quelle surprise ! Que de monde ! En constatant la présence de tous ces visiteurs, j'ai regretté **de** ne pas être venue plus tôt et je me suis dépêchée **de** me mettre à l'endroit où je **devais faire** la queue. Pour passer le temps, je me suis amusée **à** compter le nombre de personnes tout en entendant parler anglais, allemand, italien, mais après un moment, j'ai cessé **de** le faire. Devant moi, un touriste téléphonait **à** quelqu'un de son portable, d'autres écoutaient un jeune homme qui jouait **de** la guitare et un groupe d'étudiants étrangers se demandait s'il mettrait les voiles parce qu'il **fallait patienter** encore au moins quatre heures. Moi, j'ai hésité **à** rester, mais finalement, j'ai décidé **d'**attendre. Vers 18h00, un représentant des musées a annoncé que nous **pourrions entrer** en moins d'un quart d'heure.

Finalement, à 18h30, j'ai réussi **à** pénétrer dans le lieu sacré. Quelle atmosphère sereine ! Je garde un souvenir inoubliable de cette exposition sans précédent. »

ASSISTER AU TOURNOI DE ROLAND GARROS

Les Jeux de Roland Garros débuteront bientôt, vers la fin du mois de mai. Sophie se rappelle sa causette avec Léonard un peu plus tôt dans l'année.

Le 1er février, Léonard m'a annoncé que ses amis et lui **seraient** à Paris le 26 mai, alors ce jour-là, ils **prendront** l'avion. Je lui ai dit ceci : « quelle chance ! Quand tu arriveras à Paris, est-ce que tu me **téléphoneras** ? Ce **serait** sympa de ta part. Quand tes copains et toi marcherez dans les rues en direction de Roland Garros, vous **admirerez** des monuments. Moi, si j'allais à Paris, **j'essayerais/essaierais** de visiter des musées, mais je me demande si **j'aurai** la possibilité d'en faire plusieurs dans la même journée.

A Roland Garros, vous **verrez** des joueurs célèbres. Chaque année, si on s'y rend, on en **rencontre**. Ainsi donc, l'an dernier, si ma sœur et moi ne nous étions pas promenées dans les allées, nous **ne serions pas tombées** sur Federer. En 2016, je ne sais pas si tu **croiseras** son chemin parce qu'il a des problèmes de genou. Par contre, si tu vois Nadal, **parle**-lui !

Si je me trouvais sur les courts avant le début de la compétition, je **voudrais** affronter les meilleurs. Si toi et moi nous entraînions plus, nous **saurions** bien jouer au tennis. Quant aux finalistes, s'ils souhaitent gagner, il **faudra** que l'un des deux ait un excellent service.

Après le tournoi de Paris, place à celui de Flushing Meadows. Est-ce que tes amis et toi **vous retrouverez** dans la banlieue de New York en septembre prochain ? » Léonard m'a répondu qu'il **devrait** y réfléchir. A ce moment-là, je lui ai appris que vers la fin du mois de mars, je **serais** à Boston pour le Championnat du Monde de patinage artistique.

DESTINATION BOSTON : PREPARATIFS ET VOYAGE DE SOPHIE

Dans l'avion qui la ramène en France, Sophie rédige un courriel sur son voyage Outre-Atlantique qu'elle adressera à Léonard.

« Quelle chance d'être venue à Boston ! Que je te raconte depuis le début !

Tout d'abord, l'agence de voyages dans **laquelle** je suis allée pour acheter mon billet d'avion se trouve à côté de chez moi. L'agent de voyages à **qui/auquel** je me suis adressée m'a déconseillé de visiter les Etats-Unis en mars, mois **où** il fait encore très froid, mais je souhaitais assister au Championnat du Monde de patinage artistique.

Avant mon départ, ma meilleure amie **que** je connais depuis des années et **qui** adore faire du shopping, s'est rendue avec moi dans un magasin **où** j'ai acheté une valise. Malheureusement, celle **dont** j'avais envie n'était pas en solde !

Le jour J, arrivée en taxi (**que** j'avais réservé) à l'aérogare, je me suis dirigée vers le comptoir d'Air France pour obtenir ma carte d'embarquement. Durant le vol Paris-Boston, j'étais assise à côté d'un couple **qui** venait de passer une semaine aux Pays-Bas et avec **qui** j'ai discuté. Vivant à Boston, il m'a indiqué les endroits à ne pas manquer.

A l'aéroport de Boston-Logan, après avoir passé les services d'immigration, un douanier a fouillé mon sac à main dans **lequel** j'avais mis mon appareil photo. Ce représentant de la sécurité ne souriait pas et examinait de très près les documents et les bagages. Par conséquent, les touristes devant moi **dont** les valises étaient lourdes et **qui** ont été ouvertes à sa demande, ont eu une mauvaise surprise parce que le contenu de l'une d'elles a été confisqué. Ces Américains avec **qui/lesquels** j'avais bavardé avant d'embarquer, ont voyagé dans le monde entier et ont toujours rapporté beaucoup de souvenirs.

Pendant mon séjour, j'ai visité certaines places **dont** les Bostoniens m'avaient parlé. De plus, j'ai envoyé des cartes postales (as-tu reçu la tienne ?) **que** j'avais écrites à la terrasse d'un Starbuck **qui** est un lieu de prédilection pour faire une pause.

Avec ce championnat s'est terminée la saison de ce sport d'hiver. Y être présente et de surcroît, aux Etats-Unis ? Voilà un rêve **qui** est devenu réalité. »

CHAMPIONNAT DU MONDE DE PATINAGE ARTISTIQUE A BOSTON

A la demande de ses amis, Sophie, reporter amateur, leur envoie des articles. Avant de s'envoler pour Boston, elle leur en a fait parvenir un sur le championnat auquel elle assisterait.

« Le patinage artistique, sport **qu'**un large public suit depuis le scandale à Vancouver et **dont** la saison a lieu d'octobre à mars, attire de plus en plus de jeunes. En 2016, le Championnat du Monde se déroulera à Boston, ville **où** de nombreuses rencontres sportives ont lieu. La semaine du 28 mars, semaine **où** les compétitions commenceront, clôturera six mois de rivalité.

L'équipe américaine féminine représentée par Ashley Wagner, Polina Edmunds et Gracie Gold réunit d'excellentes patineuses. D'après Tara Lipinski et Johnny Weir, médaillés olympiques à **qui** j'aurais aimé parler, Ashley Wagner pourrait remporter la médaille d'or. Cependant, Gracie Gold **qui** a gagné à Bratislava et Polina Edmunds **que** nous ne connaissions pas l'an dernier, ont leur chance, mais attention aux Russes, Elena Radionava et Evgenia Medvedeva !

Du côté des hommes, que de déceptions ! Tout d'abord, Jason Brown, champion en 2015, **dont** le désir était de participer à Boston n'a pas été choisi par la Fédération américaine. Ensuite, le favori, Nathan Chen **qui** souffre de problèmes de santé, a déclaré forfait. **Ce qui** tourne en malchance pour certains se transforme en chance pour d'autres. Max Aaron, Adam Rippon et Grant Hochstein devront patiner mieux que Javier Fernandez, un Espagnol sensationnel, s'ils espèrent monter sur le podium.

Boston, ville dans **laquelle** des athlètes vivront leurs rêves, deviendra la capitale mondiale du patinage artistique du 28 mars au 3 avril 2016. Que les meilleurs gagnent ! »

(Résultats : Victoires d'Evgenia Medvedeva et de Javier Fernandez)

LES SOLDES. QUELLE HISTOIRE !

A l'approche de la période des soldes, Sophie s'installe à son ordi pour écrire sur ce sujet.

« Deux fois par an, pendant six semaines, débutant le deuxième mercredi de janvier et l'avant-dernier mercredi de juin, les soldes **ont** lieu dans tout l'Hexagone. Si vous saviez ce que font des consommateurs, vous **seriez** surpris. Si vous le voulez bien, **faisons** un tour d'horizon de ces moments de l'année.

Que **penseriez**-vous si je vous disais que le premier jour des soldes, des gens ne vont pas au travail pour envahir les magasins ? Cela **pourrait** vous surprendre, mais c'est la triste vérité. Pour les futures soldes d'été de 2016, j'ai demandé à ma meilleure amie si elle **prendrait** un jour de congé pour faire du shopping et à mon soulagement, elle m'a répondu qu'elle **ne se conduirait jamais** de la sorte.

Une fois, avant la période des soldes, ma cousine m'a raconté qu'elle **était allée** dans son magasin favori et **avait essayé** plusieurs vêtements. Etant une cliente fidèle, la patronne lui a mis de côté ce qu'elle **avait choisi** et l'a invitée à venir le chercher dès le début des soldes. Le jour J, elle y **est retournée** et en passant par les rayons, elle **a remarqué** un pull qui lui **plaisait**. Elle s'apprêtait à en attraper un lorsque deux femmes sont arrivées et **ont saisi** la pile de chandails, mais ma cousine en avait récupéré un et elle **tenait** la bonne taille. Par conséquent, je me pose la question suivante : si ses habits n'avaient pas été gardés, **aurait**-elle **eu** ce qu'elle désirait ?

Il en va de même pour les hommes qui raffolent de tout ce qui appartient à l'électronique et à l'informatique. Pour les soldes à venir, aussitôt que des magasins comme Darty ou la Fnac **ouvriront** leurs portes, la clientèle masculine **se précipitera** pour s'emparer d'appareils photo ou **emportera** des écrans plasma qu'elle **aura repérés** auparavant.

Hommes ou femmes, tous adorent profiter des réductions de prix et se prêtent à un petit jeu bénéfique pour les commerçants. Nous avons entendu maintes fois ce qui suit : " si je trouve quelque chose que j'aime et dont je n'ai pas besoin, je **l'achèterai** malgré tout. Dans le futur, cela **pourrait/ pourra** servir ou bien, je **l'offrirais** si une occasion importante se présentait. " Quelle folie ! Mais d'autres propos rassurent : " dans notre famille, nous avons trois enfants, huit petits-enfants et donc, beaucoup de cadeaux à donner. Nous paierons avec l'argent que nous **aurons économisé** pour les soldes et nous n'en dépenserons pas plus. " Ces achats **feront**-ils la joie de tous, surtout qu'avec les marmots, ce qui se trouve dans le vent un jour ne l'est plus le lendemain ?

Quant à vous, quelle conduite auriez-vous ? Si vous aviez cours, les **sècheriez**-vous ? Si vous avez plusieurs présents à vous procurer, **ferez**-vous toutes vos emplettes pendant la période des rabais ? En général, si vous vous rendez dans un centre commercial, y **allez**-vous avec des amis ? Quand vous appartiendrez au monde du travail, **agirez**-vous comme les personnes dont je viens de vous parler ? Si vous le souhaitez, **envoyez**-moi vos réponses via Twitter.

D'après moi, si nous avons envie de tirer avantage des soldes, nous **ne devrons pas/ne devons pas** raccourcir notre journée de travail et encore moins, en faire un jour férié. Si nous avons l'intention d'économiser, nous **irons** travailler et ensuite, nous **ferons** les magasins. Lorsque les clientes entreront dans les boutiques, j'espère qu'elles **ne courront pas** et qu'elles **n'achèteront pas** pour acheter. Mais que dire ! Nous vivons dans un monde de consommation. »

LES SOLDES

La sœur de Sophie qui a lu ce texte a encore en mémoire le jour où Sophie et elle se trouvaient dans un magasin et sans le vouloir, elles ont été témoins de **cette** scène.

Une cliente — Est-ce que **ces** anoraks sont en solde (et montre du doigt un rouge et un bleu) ?

Une vendeuse — **Celui**-là, oui, mais **cet** anorak bleu, non. Je trouve **celui**-ci sans comparaison.

Une cliente — J'aime **ce** bleu-là, mais pas **celui**-ci. Oh ! **Cette** veste rouge et **ce** pull bleu marine me plaisent.

Une vendeuse — **Ces** vêtements viennent d'arriver. Il s'agit de la nouvelle collection.

Une cliente — Est-ce que **ceux** de **ce** rayon-ci coûtent moins cher ?

Une vendeuse — Oui, avec les prix de **celui**-là, vous ferez de bonnes affaires.

Une cliente — Voilà de belles jupes. Je préfère **celle** qui n'a pas de rayures (et elle lit le prix sur l'étiquette). Cinquante euros ! Je trouve le coût de **celle** dont j'ai envie excessif.

Une vendeuse — Madame, je vais vous dire **ceci** : achetez un article que vous aimerez porter, n'achetez pas parce que seul le prix vous convient.

UN AUTRE COUP DE FIL

Vers la fin juin, Sophie a reçu un message « intéressant ». Elle contacte Léonard.

Sophie	- Allô, Léonard ?
Vincent	- Non, ce n'est pas **lui**. Qui êtes-vous ?
Sophie	- **Moi** ? Je m'appelle Sophie.
Vincent	- Ah ! Bonjour, Sophie. Comment vas-tu ?
Sophie	- Bien, merci et **toi** ? Mais qui es-tu ?
Vincent	- Léonard ne t'a pas parlé de **moi** ? Je suis son frère, Vincent.
Sophie	- Ah ! Mais oui ! Bonjour, Vincent. Habites-tu chez tes parents maintenant ?
Vincent	- Non, je ne vis plus chez **eux**, je suis venu leur rendre visite pour le week-end.
Sophie	- Vas-tu faire du surf avec Léonard ?
Vincent	- Non, je n'en fais pas avec **lui**, il surfe mieux que **moi**. De toute façon, je préfère le rugby et ce soir, mes amis et **moi** irons à un match de rugby.

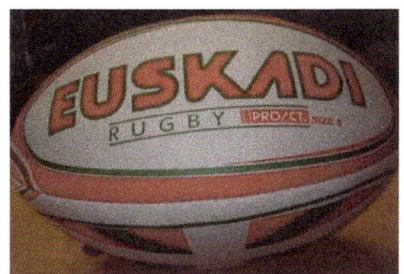

Léonard	- Vincent, qui est au téléphone avec **toi** ?
Vincent	- Tu tombes bien, c'est Sophie.
Léonard	- C'est **elle** ? Passe-moi le combiné, s'il te plaît, merci. Bonjour, Sophie. Que se passe-t-il ?
Sophie	- Bonjour, Léonard ! As-tu rencontré ce journaliste qui tient à écrire un article sur les jeunes de notre région ?
Léonard	- Non ! Il veut avoir un entretien avec **nous** ? Quand ?
Sophie	- Demain, à 16h00 à la mairie.
Léonard	- Entendu. Merci de me l'avoir fait savoir. Maintenant, des amis et **moi** allons surfer. Voudrais-tu venir avec **nous** ?
Sophie	- Je te remercie, mais je ne peux pas.
Léonard	- OK ! Bonne après-midi. A demain. Ciao !

L'ENSEIGNEMENT DU BASQUE

Il y a quelque temps, Sophie a écrit un article qu'elle pense donner à ce journaliste qui enquête pour son journal.

« Dans le Sud-Ouest de la France, les habitants parlent couramment français, espagnol et basque, et certains d'entre eux s'expriment en anglais.

Depuis plusieurs années, la majorité des parents souhaitent que leurs enfants **sachent** la langue de leurs ancêtres. Ces adultes qui tiennent à ce que leurs petits **soient** bilingues dès leur plus jeune âge, les envoient dans des écoles où l'on offre des cours en basque. Ils aimeraient que l'euskara **soit** appris dans tous les établissements scolaires. De plus, ils demandent qu'une langue étrangère, comme l'anglais ou l'allemand, **puisse** être enseignée dès le primaire. Pour cela, il est nécessaire que le ministre de l'Education **veuille** bien donner son accord et il est important que les écoliers **aient** des livres amusants pour les intéresser. Il serait surprenant que chaque professeur des écoles **écrive** son propre manuel. Des Basques interviewés ont fait les commentaires suivants :

- Il est important que nous **étudiions** des langues régionales et étrangères dès le cours préparatoire. Dans ma jeunesse, mes grands-parents désiraient que **j'aille** leur rendre visite l'été pour que nous **passions** du temps ensemble, mais aussi pour que nous **communiquions** en basque. De nos jours, il est évident que nous **devons** savoir l'anglais, seule langue que tout le monde **comprenne**.

- Il est étonnant que beaucoup de jeunes **se rendent** dans des collèges où l'on s'initie au basque. Plus tard, ils seront fiers **de maîtriser** l'euskara. Il est clair que des familles **veulent** préserver leur héritage.

- Il est temps que les langues régionales **aient** leur place dans le primaire. Il faudrait que l'anglais **finisse** d'être dominant.

- Il est vrai que nous **nous instruisons** assez facilement grâce à l'Internet et au petit écran. Dans mon cas, je suis en train de me perfectionner en anglais et il est utile que je **voie** des films en version originale ou que je **lise** des journaux comme le Wall Street ou le Washington Post. De plus, les bandes dessinées me permettent de le comprendre et faire les mots croisés m'aide à découvrir de nouveaux mots.
- Je doute que nous **parlions** tous en basque à nos pitchouns. Je suis ravi que le gouvernement **ait fini** par se rendre compte de notre attachement à notre belle langue.
- Nous sommes heureux que vous **fassiez** un tel reportage. Nous craignons que des personnes **n'aient pas saisi/ne saisissent pas** l'importance des langues régionales. Et si je vous apprenais des mots en basque afin que vous **répondiez** quand quelqu'un vous dira « kaixo » ou « agur » ?

Ainsi, bien qu'il y **ait** des avis partagés, beaucoup de parents aspirent à causer dans leur langue maternelle, mais également dans une langue étrangère. Quant à moi, j'espère **pouvoir** parler basque comme ce mouflet de trois ans que j'ai rencontré lors d'un voyage en TGV. Aussitôt que **j'aurai** du temps libre, je m'y remettrai et j'aimerais **réussir** dans mon apprentissage de cette langue dont l'origine nous est inconnue. »

Danse basque - Groupe Luixa

LÉONARD EN QUELQUES LIGNES

Léonard s'est entretenu avec ce journaliste qui a l'intention de publier un article sur les jeunes du Pays basque.

Le journaliste	- **Comment vous appelez-vous** ?
	- **Comment est-ce que vous vous appelez** ?
Léonard	- Je m'appelle Léonard.
Le journaliste	- **Où habitez-vous** ?
	- **Où est-ce que vous habitez** ?
Léonard	- J'habite à Biarritz maintenant, mais j'ai vécu à Hossegor.
Le journaliste	- **Que faites-vous** le week-end quand le temps est agréable ?
	- **Qu'est-ce que vous faites** le week-end quand le temps est agréable ?
Léonard	- Le week-end, quand le temps est agréable, je fais du surf.
Le journaliste	- **Avec qui en faites-vous** ?
	- **Avec qui est-ce que vous en faites** ?
Léonard	- J'en fais avec mes amis.
Le journaliste	- **Quand vous rencontrez-vous** pour discuter ?
	- **Quand est-ce que vous vous rencontrez** pour discuter ?
Léonard	- Quand il ne fait pas bon, nous nous rencontrons pour discuter.
Le journaliste	- **De quoi débattez-vous** ?
	- **De quoi est-ce que vous débattez** ?
Léonard	- Nous débattons de l'environnement, de politique…
Le journaliste	- **Vos amis sont-ils** tous de la région ?
	- **Est-ce que vos amis sont** tous de la région ?
Léonard	- Non, mes amis ne sont pas tous de la région.
Le journaliste	- **Qui ne vient pas** des environs ? *(forme courte ; sans inversion)*
	- **Qui est-ce qui ne vient pas** des environs ? *(forme longue ; sans inversion)*
Léonard	- Mon pote (un étudiant de ma promo) ne vient pas des environs.
Le journaliste	- **Quelles langues parlez-vous** couramment ?
	- **Quelles langues est-ce que vous parlez** couramment ?
Léonard	- Je parle couramment français, anglais et allemand.

Le journaliste	- **En quelle langue désireriez-vous** vous exprimer ?
	- **En quelle langue est-ce que vous désireriez** vous exprimer ?
Léonard	- Je désirerais m'exprimer en basque.
Le journaliste	- *(pas de forme possible)*
	- A votre avis, **qu'est-ce qui est** difficile à apprendre ?
Léonard	- A mon avis, la grammaire est difficile à apprendre.
Le journaliste	- J'ai interviewé l'une de vos amies, Oihana, et j'ai oublié de lui poser une question. Peut-être que vous pourriez y répondre ?
Léonard	- Tout dépend de ce que vous me demanderez.
Le journaliste	- **Ne communique-t-elle pas** en basque ?
	- **Est-ce qu'elle ne communique pas** en basque ?
Léonard	- Si, elle communique en basque.
Le journaliste	- **Où aimeriez-vous** partir pour les vacances d'été ?
	- **Où est-ce que vous aimeriez** partir pour les vacances d'été ?
Léonard	- Pour les vacances d'été, j'aimerais partir à l'étranger.
Le journaliste	- **Où pensez-vous** vous rendre ?
	- **Où est-ce que vous pensez** vous rendre ?
Léonard	- Je pense me rendre en Australie, mais il y a les J.O. à Rio.
Le journaliste	- **Quelle ville souhaiteriez-vous** visiter si vous alliez en Australie ?
	- **Quelle ville est-ce que vous souhaiteriez** visiter si vous alliez en Australie ?
Léonard	- Je souhaiterais visiter Sydney si j'allais en Australie.
Le journaliste	- **Ne voudriez-vous pas** explorer le Pays basque ?
	- **Est-ce que vous ne voudriez pas** explorer le Pays basque ?
Léonard	- Si, je voudrais explorer le Pays basque. J'adore la région.
Le journaliste	- **Où serez-vous** pendant les vacances d'été ?
	- **Où est-ce que vous serez** pendant les vacances d'été ?
Léonard	- Bonne question ! Vous voudriez savoir où je serai pendant les vacances d'été. Hum !

AUX J.O. DE RIO

Léonard aurait aimé aller au Brésil pour les J.O., mais il a pris la décision de passer l'été chez lui. Néanmoins, grâce aux commentateurs qui se trouvent à Rio, des millions de spectateurs vivront à l'heure olympique. Sophie n'en ratera pas une seconde et ses amis, s'étant adressés à leur reporter en herbe, lui ont demandé de leur envoyer un compte rendu de la première semaine de compétitions.

« Les Jeux de la XXXIe Olympiade d'été de l'ère moderne se déroulent à Rio de Janeiro du 5 au 21 août 2016 et pour les téléspectateurs européens, le décalage horaire de cinq ou six heures les obligera, dans la mesure du possible, à réorganiser leur emploi du temps pour suivre certaines épreuves. Dans l'Hexagone, le reportage télévisé en direct sur France 2 commencera à 21h00 et se finira à 5h00 le lendemain. Il faudra que les fans des J.O. **aient** la force de rester éveillés durant la nuit s'ils souhaitent **voir** les éliminatoires en natation avec le dieu de la piscine, Michael Phelps. Faisons un petit tour d'horizon de ces premiers jours où plusieurs disciplines, en particulier l'escrime, l'équitation et la natation étaient à l'honneur.

Pour les concurrents, il est bon que les médaillés olympiques **puissent** conserver leur titre, mais il serait souhaitable que d'autres athlètes **réussissent** à accéder au podium. Au sabre, nous ne pensons pas que l'arbitre **ait été** à la hauteur de l'enjeu : à plusieurs reprises, durant les échanges entre la Française Manon Brunet et la tenante du titre, il a fallu qu'il **revoie** ce qui avait eu lieu. L'entraîneur de Manon, ravi du quinzième point marqué pour amener à la victoire son élève, a déchanté suite à l'arbitrage donnant à la championne russe l'avantage sur son adversaire. Il est évident que la jeune femme **regrettera** pendant longtemps d'avoir été nerveuse, surtout si près du but, elle qui menait depuis le début de la rencontre. Pour le futur, il est important qu'elle **sache** que nous croyons fermement en elle et tôt ou tard, elle **offrira** l'or à la France ; après tout, elle n'a que vingt ans et du chemin devant elle.

Quant à la discipline équestre, le quatuor Astier-Laghouag-Lemoine-Vallette **a déclenché** le compteur des médailles pour la délégation tricolore. Ces cavaliers ont été surpris que des supporters **soient venus** au stand français les féliciter ; ils n'ignorent pas que leur sport est loin d'être aussi populaire que d'autres. Grâce à leur médaille d'or, ils espèrent qu'il y **aura** plus de jeunes qui s'intéresseront à l'équitation. Deux heures après ce bel exploit, avant que Nicolas Astier ne **se remette** de ses émotions, il a évolué en solo pour **remporter** une médaille d'argent.

En natation, du côté français, que de remous, que de houle ! Tout d'abord, provoquant une polémique vite étouffée, Camille Lacourt, favori du 100 mètres dos, n'était pas content que des nageurs, notamment chinois et russes, **aient pris** part aux Jeux puisqu'ils avaient été suspendus pour dopage et contrôlés positifs à deux reprises. Ensuite, pour un autre grand espoir, Yannick Agnel, il est dommage qu'il **soit tombé** malade et qu'il **n'ait pas pu**, sur ordre de la Fédération française, participer au relais. Etait-il déjà souffrant quand il a perdu le 200 mètres nage libre ? Pourvu qu'il **n'ait pas décidé** de quitter à jamais le sport à cause d'une immense déception et d'un concours de circonstances. Puis, lors de l'interview des nageurs du relais, Florent Manaudou, déçu, désirait que son équipe **obtienne** le petit disque d'or ; Mehdy Metella était triste que son groupe **n'ait pas fait** mieux. Seul, Jeremy Stravius a laissé éclater son bonheur en disant que d'arriver après les géants américains donnait plus de valeur à leur médaille d'argent.

Après trois premiers jours de déception et de défaite inattendues en continu, la Marseillaise a enfin retenti dans l'enceinte olympique et après six jours de compétitions, la France se hisse à la dixième place avec neuf médailles. Nous souhaitons en gagner plus grâce à des athlètes comme Teddy Riner ou Florent Manaudou, les meilleurs en judo et en natation qui **soient** en mesure d'en augmenter le nombre. D'ailleurs, pour les Jeux de Tokyo en 2020, nos chances se multiplieront grâce au surf entrant dans le cercle olympique ; cette discipline offrirait un éventail de compétiteurs qui **voudront** entendre plus souvent l'hymne de l'Hexagone. »

LA NATATION AUX JEUX OLYMPIQUES DE RIO

Léonard a retrouvé un courriel de Sophie datant d'août 2015 dans lequel il était question des J.O. de 2016, de ces « géants américains » et des nageurs français.

« Les Jeux Olympiques, des compétitions **importantes** dans la vie d'un athlète, réunissent la terre entière tous les quatre ans dans une ville où les concurrents rêvent de rentrer chez eux avec une médaille au cou. Pour en gagner une, les participants ne doivent pas être **de bons** sportifs, mais **les meilleurs** de leur discipline. Les sports nautiques admis aux J.O. d'été comptent des champions d'une qualité **exceptionnelle**.

En natation, Michael Phelps, un **jeune** Américain de Baltimore a déjà remporté **plus de médailles que** Mark Spitz, maintenant un **vieil** homme dans le domaine du sport. Michael Phelps aurait-il battu un record **mondial**, c'est-à-dire, aurait-il **mieux** fait qu'un rival qui détenait déjà la **meilleure** performance mondiale ?

Un **autre** nageur, Florent Manaudou, frère de Laure Manaudou (une nageuse **française talentueuse** qui a participé aux J.O. d'été de 2012), se montre-t-il **plus rapide que** Phelps ? Les J.O. de Rio marqueront-ils la **dernière** compétition de Florent ? Quant à Camille Lacourt, un **bel** homme, ami et adversaire de Florent, pourrait-il être **aussi bon que** Phelps ? Nage-t-il **aussi vite que** Phelps ? A-t-il remporté **autant de médailles que** le résident du Maryland ?

Phelps, dont la mère assiste à toutes les compétitions (et c'est une personne **âgée**), ne sait toujours pas s'il participera aux **prochains** J.O. qui se dérouleront en 2016 au Brésil, un **grand** pays en Amérique du Sud. A notre avis, ce jeune homme se rendra à Rio. A suivre. »

LES J.O. DE RIO DEVANT L'ECRAN

Un matin, durant la quinzaine olympique, avant de sortir pour faire des courses, Sophie téléphone à Léonard.

Sophie	- Léonard, regardes-tu les J.O. à la télévision ?
Léonard	- Oui, je **les** regarde.
Sophie	- Sais-tu que les chaînes France 2, 3, 4 et Ô couvrent toutes les épreuves ?
Léonard	- Oui, je **le** sais.
Sophie	- Connais-tu des athlètes qui se trouvent actuellement au Brésil ?
Léonard	- Oui, **j'en** connais qui **s'y** trouvent actuellement. Et toi ?
Sophie	- Non, pas du tout.
Léonard	- Au 13 août, combien de médailles les Américains ont-ils obtenues ?
Sophie	- Ils **en** ont obtenu cinquante. Quant à la France, elle **n'en** a pas obtenu cinquante, mais seulement dix-sept après un début désastreux.
Léonard	- Hier soir, Laure Manaudou a-t-elle parlé à son frère ?
Sophie	- Oui, elle **lui** a parlé.
Léonard	- A-t-elle réconforté son frère ?
Sophie	- Oui, elle **l'**a réconforté ; il était déçu d'avoir perdu son titre par un centième de seconde, c'est-à-dire 2,4 cm derrière le champion.
Léonard	- Voudrais-tu me parler des épreuves de judo ?
Sophie	- Oui, je voudrais **t'en** parler. Souhaites-tu que je commence par Emilie Andeol ?
Léonard	- Oui, je **le** souhaite. Qui est-elle ? Sa victoire était une surprise.
Sophie	- Pas vraiment puisque déjà troisième mondiale. Cette jeune femme de vingt-huit ans a eu un parcours atypique et s'est retrouvée un jour sur les tatamis.
Léonard	- As-tu vu les deux derniers matchs du porte-drapeau de la délégation tricolore ?
Sophie	- Oui, je **les** ai vus. Quel athlète ! Avec un gabarit pareil, il détient un avantage sur les plus de cent kilos moins rapides à se mouvoir. Malheureusement, en finale, il a récolté un carton jaune.
Léonard	- Et son adversaire, combien **en** a-t-il récolté ?
Sophie	- Il **en** a récolté trois.

Léonard	- Teddy Riner a-t-il parlé avec ses amis avant la compétition ?
Sophie	- Non, il n'a pas parlé avec **eux**. Il s'est concentré en restant dans sa bulle.
Léonard	- As-tu regardé la demi-finale entre Rafa Nadal et Gaël Monfils ?
Sophie	- Oui, je **l'**ai regardé**e**.
Léonard	- Faut-il trois sets pour devenir champion ?
Sophie	- Non, il n'**en** faut pas **trois**, mais seulement deux. Dans le troisième set, j'ai cru que nous aurions un jeu décisif, mais la balle du tricolore est sortie du court et Rafa a remporté le match.
Léonard	- Reste-t-il des Français en lice ?
Sophie	- Et non ! Monfils, le dernier espoir, a été balayé du circuit et par conséquent, il **n'en** reste plus. Sur une autre note, aux prochains Jeux qui se dérouleront à Tokyo, le surf sera l'un des nouveaux sports admis. A ton avis, pourrions-nous compter sur des surfeurs de la Côte basque pour obtenir des médailles ?
Léonard	- Bien sûr, nous pourrions compter sur **eux** pour **en** obtenir. D'ailleurs, moi-même passionné de glisse et membre d'un club, j'ai l'intention de me présenter aux sélections le moment venu.
Sophie	- Je ne savais pas que tu avais l'intention de **t'y** présenter. Si tu participes aux J.O., vas-tu y aller avec ta famille ?
Léonard	- C'est le contraire, ma famille va y aller avec **moi**. Mais en quatre ans, que d'eau sous les ponts ! Beaucoup d'évènements peuvent se produire.
Sophie	- Bien ! Maintenant, il faut que je me rende au marché.
Léonard	- Pourquoi faut-il que tu **t'y** rendes ?
Sophie	- Je dois acheter des fruits et des légumes. Et toi, de temps en temps, **en** achètes-tu ?
Léonard	- Non, je n'**en** achète pas. En été, la plupart du temps, je mange au restaurant. Et toi, quelquefois, **y** manges-tu ?
Sophie	- Oui, **j'y** mange quelquefois et je préfère les repas légers surtout à midi.
Léonard	- Moi, je ne **les** préfère pas **légers** parce que j'adore manger copieusement. Bon ! Je te laisse aller faire tes courses. Merci Sophie pour ton compte rendu olympique. Ciao !

J.O. DE RIO : QUAND LE RIDEAU SE REFERME

Sophie envoie à ses amis son dernier écrit sur les J.O. de Rio.

« **Souvenez-vous** ! Sur la gigantesque estrade olympique, la pièce brésilienne en dix-huit actes et d'innombrables scènes **a commencé** sa préparation pour accueillir la planète à la fin des J.O. de Londres en 2012.

Connaissant la situation sociale et économique du Brésil, nous **nous sommes** tous **demandé** si Rio de Janeiro **serait** prêt pour cette rencontre mondiale entre des athlètes venus de tout horizon. La pollution, les conditions dans lesquelles vivent les habitants, la construction de la cour olympique et en assurer la sécurité, et le virus Zika, nous **ont préoccupés**. Mais le rêve coubertin **régnait** et **a permis** aux Brésiliens de se trouver au rendez-vous, même si à moins d'une semaine de la levée de rideau, il y **avait** encore à faire pour recevoir ces soupirants à de multiples trônes. Et le jour J **est arrivé** !

Rappelez-vous ! Au stade Maracana, assis sur les gradins (ou devant un écran plasma), des milliers de spectateurs **attendaient** le défilé de deux cent six délégations, dix mille cinq cents princes et princesses en quête de leur prix pour couronner des années ou toute une vie d'entraînement intense. Auparavant, les citoyens de la planète olympique **avaient assisté** à un spectacle sous la protection du Christ **surplombant** la baie brésilienne. Tout **a débuté** avec une mer en plaques argentées et la découverte de la forêt amazonienne où **s'étaient installés** des Portugais que des indigènes **ont combattus**. Puis, des quartiers de Rio **ont surgi** des favelas et sur leurs toits, **ont évolué** des danseurs, un West Side Story à la Copacabana, rythmé au son d'une musique entraînante. Après, un petit avion de légende **a survolé** le stade avant que tous les concurrents ne marchent sur le terrain.

Une fois ce beau monde installé au balcon olympique, nous n'attendions que la flamme pour laquelle le secret **avait été gardé** : qui **allumerait** la vasque ? Finalement, Gustavo Kuerten qui **avait obtenu** l'honneur de la brandir, **a foulé** le sol olympique et **l'a tendue** à une autre célébrité du pays, Vanderlei Cordeiro, qui **courrait** pour terminer le parcours de vingt mille kilomètres sur terre et de douze mille relayeurs de ce symbole qui **brûlerait** pendant quinze jours.

N'oubliez pas ! Se tenir sur la plus haute marche du podium et entendre son hymne national **a engendré** toutes sortes d'émotions : le bonheur d'avoir gagné ou la déception de n'être que le vice-champion, les pleurs de bonheur ou de tristesse, le désir de faire mieux ou l'envie de défendre son titre la prochaine fois. Cependant, cette manifestation sportive **a été** le siège de la colère du public et des sportifs à l'égard du dopage d'athlètes. Malgré tout, nous **avons trépigné** de joie pour la victoire de l'un de nos favoris ou nous **avons ressenti** la douleur de celui qui **a laissé** passer sa chance.

Ainsi, sous le soleil qui **a brillé** dans un ciel sans nuage ou sous les projecteurs qui **ont éclairé** les arènes sportives, les supporters de Nadal **ont ri** jaune à cause de la défaite de leur idole. Même si la finale Messieurs opposant Del Potro à Murray **était** d'un calibre olympique, l'Argentin qui **avait** tout **donné** et plus, **s'est incliné** devant Murray après presque quatre heures d'échanges. Nous **devons** avouer notre déception pour Juan Martin qui nous **a offert** un beau match. Par contre, les fans d'Usain Bolt **savaient**, sans l'ombre d'un doute, que " la foudre " **frapperait** pour la troisième fois et ils **ne se sont pas trompés/ne s'étaient pas trompés**. Pour la fédération tricolore, l'épée par équipe **a permis** à Borel-Grumier-Jerent et Luceray de clôturer avec brio le dernier jour de cette discipline en raflant l'or. En gymnastique, côté américain, le conte de fée **a continué** pour la nouvelle star, Simone Biles, une gymnaste redoutable d'après la reine de la poutre, Nadia Comaneci.

Néanmoins, des questions se posent : si Roger Federer avait participé, Andy Murray **aurait**-il **été** champion pour la seconde fois ? Si Rafa Nadal jouait sans être agressif, **verrait**-il augmenter ses chances de gagner ? Si Usain Bolt ne participe pas aux J.O. de Tokyo, **lira-t**-on la consternation sur le visage de ceux qui l'adulent ? Aussitôt que la flamme olympique **s'éteindra/se sera éteinte**, aurons-nous déjà un pied au Japon ? Les médaillés **remettront**-ils en jeu leur titre au pays du Soleil-Levant ? Il est vrai qu'ils en **veulent** toujours plus à condition **de pouvoir** s'entraîner régulièrement, autrement ils préfèrent **finir** en beauté. Qui que nous **soyons**, où que nous **soyons**, nous **continuons/continuerons** à rêver. D'ailleurs, pour les athlètes de Rio, le royaume olympique a déroulé un tapis rouge pour le sport, mais également un pour le cœur : la jeune Chinoise, médaillée d'or en plongeon, ne savait pas que son petit ami **viendrait** s'agenouiller au bord de la piscine et lui **présenterait** un écrin renfermant un diamant, un prix tout aussi magnifique que le disque de cinq cents grammes attaché à un ruban.

Et les jours **ont défilé** et nous voilà aux dernières heures du 21 août, au dernier souffle de la flamme qui **a réchauffé** nos cœurs pendant deux semaines, au moment où le rideau va tomber en même temps que nous **entendrons** le président du CIO dire : " Ladies and Gentlemen, I declare the thirty first Olympic Games closed. " De la foule **montera** un murmure de désapprobation et le stade **plongera** dans la nuit noire avant que la lumière des projecteurs ne **revienne** pour laisser place au bonheur de la réussite car tout participant aux J.O. **a franchi** la première étape de la victoire. »

LES VACANCES DE REVE DE LEONARD

Tout comme Léonard, Sophie rencontre ce journaliste qui désire savoir la raison pour laquelle les jeunes de la région envisagent de partir au pays des kangourous.

Le journaliste - Dans votre entourage, **qui/qui est-ce qui** souhaite passer ses vacances en Australie ?

Sophie - Léonard et plusieurs de ses amis désirent aller dans ce pays.

Le journaliste - Oui, il me l'a mentionné lors de son interview. **Qu'est-ce qui** est important pour lui ?

Sophie - Sa planche de surf.

Le journaliste - Je vous ai mal entendu à cause du bruit de cette moto qui vient de passer. **Que** va-t-il absolument emporter avec lui ?

Sophie - Sa planche de surf.

Le journaliste - Ah ! **Depuis combien de temps** s'intéresse-t-il au surf ?

Sophie - Depuis des années. Il est même moniteur et a fait la connaissance de nombreux surfeurs.

Le journaliste - **Est-ce qu'**il a eu l'occasion de discuter avec des Australiens ?

Sophie - Oui, évidemment. Et depuis, il a l'intention d'« apprivoiser » les vagues australiennes.

Le journaliste - D'après vous, **de quoi** rêvent les jeunes ?

Sophie - Ils rêvent de liberté, de sensations fortes, …

Le journaliste - **Qu'est-ce qui** les attire en Australie ?

Sophie - En ce qui me concerne, tout d'abord, la beauté du pays. Pour les adeptes de la glisse, la mer, les vagues, quel paradis !

Le journaliste - **A qui** Léonard a-t-il parlé pour organiser son voyage éventuel ?

Sophie - Il a consulté un agent de voyages.

Le journaliste - A votre avis, à part surfer, **qu'est-ce qu'**il fera en Australie ?

Sophie - Ah ! **Qu'est-ce qui** est important pour un mordu de ce sport qui se trouve dans le lieu idéal ?

Le journaliste - Je comprends ! Et vous, **qu'**y feriez-vous si vous vous y rendiez ?

Sophie - Moi ? Je ferais de la voile et je visiterais la ville où je me trouverais.

LES LOISIRS DE SOPHIE

Le journaliste	- Changeons de sujet. **De quoi** discutez-vous quand vous retrouvez vos amis ?
Sophie	- Nous discutons de sports, de cinéma...
Le journaliste	- **Qu'est-ce que** vous faites en fin de semaine ?
Sophie	- Cela dépend. Par exemple, samedi prochain, j'irai à un match de rugby au Parc des Sports d'Aguiléra et le lendemain, à une partie de chistera avec des amis.
Le journaliste	- **Pourquoi** rencontrez-vous vos amis le week-end ?
Sophie	- Parce qu'ils ont du temps libre.
Le journaliste	- **Qu'est-ce qui** vous intéresse à part les sports ?
Sophie	- Le cinéma.
Le journaliste	- **Quand** y allez-vous ?
Sophie	- Presque toujours le vendredi soir.
Le journaliste	- **Est-ce que** vous aimez les films américains ?
Sophie	- Oh, oui !
Le journaliste	- **Quels** acteurs préférez-vous ?
Sophie	- Hum ! C'est une question difficile.
Le journaliste	- **Lesquels est-ce que** vous n'admirez pas ?
Sophie	- Hum !
Le journaliste	- **A qui** voudriez-vous parler ?
Sophie	- A Bradley Cooper !
Le journaliste	- Après avoir vu un film, **de quoi** débattez-vous avec vos amis ?
Sophie	- Du jeu des acteurs, de l'intrigue…
Le journaliste	- **Où** allez-vous pour converser ?
Sophie	- Dans un café.
Le journaliste	- Si vous êtes en groupe, **qui/qui est-ce qui** paie l'addition ?
Sophie	- Nous payons chacun notre tour.
Le journaliste	- Je vous remercie d'avoir accepté d'être interviewée. J'ai de quoi écrire sur la jeunesse de cette région.

LE CINEMA ET NOUS

Lors d'une promenade, Sophie et Léonard rencontrent par hasard une de leurs amies. Attablée à la terrasse d'un café, elle lit un roman qui a été adapté au cinéma. Elle adore le septième art et les voilà tous les trois lancés dans une discussion à ce sujet.

Une amie	- Nommez des films **que** vous avez vus et **qui** vous ont plu.
Sophie	- *Free Dance*.
Léonard	- Hum ! Ces derniers temps, je ne me suis pas rendu dans une salle de cinéma.
Une amie	- Les longs métrages **que** vous aimez tombent-ils dans la catégorie « films d'aventures » ?
Sophie	- Pas vraiment.
Léonard	- Moi, oui, c'est le genre **dont** je suis friand.
Une amie	- Sophie, celui **que** tu as mentionné vient-il de sortir ?
Sophie	- Oui. D'ailleurs, dans le cinéma **où** nous voulions le voir, tous les billets avaient été vendus. Par conséquent, nous l'avons vu dans une petite salle et depuis, je comprends les personnes **qui** préfèrent acheter des DVD.
Une amie	- A votre avis, ceux **que** les enfants adorent appartiennent-ils à l'univers de Disney ?
Léonard	- Ce ne sont pas seulement les petits **qui** regardent les dessins animés de Disney.
Une amie	- Que trouvez-vous de formidable dans le septième art ?
Sophie	- **Ce qui** m'émerveille sont les trucages pour **lesquels** les directeurs dépensent des fortunes.
Léonard	- Cameron et Spielberg **dont** les films me fascinent, captent l'attention du public grâce à des effets spéciaux fantastiques. J'ai eu la chance de les rencontrer l'an dernier à Cannes.
Une amie	- Les cinéastes avec **qui/lesquels** tu as discuté ont laissé leur empreinte dans le monde cinématographique. Toutefois, il en existe d'autres **dont** nous n'avons pas parlé et **qui** n'ont pas encore accédé à la célébrité.
Léonard	- Tout cinéphile devrait se rendre à Cannes en mai, mois **où** le Festival du Cinéma a lieu. **Ce qu'**il y verra restera à jamais gravé dans sa mémoire.
Une amie	- Oui, mais on peut également assister en septembre au Festival International du Film au Palais Kursaal à Donostia, aussi grandiose que celui de la Côte d'Azur.

« AUGUST RUSH » OU LA MAGIE DE LA MUSIQUE

Les trois amis continuent leur causerie sur le septième art.

Sophie — Léonard, te rappelles-tu ce film dans lequel il **s'agissait** de musique ?

Léonard — Penses-tu à *August Rush* avec Freddie Highmore qui **a joué** aux côtés de Keri Russell et Johnathan Rhys-Meyers ?

Sophie — Oui ! Où la féerie de la musique **a amené** trois membres d'une famille au même endroit. Et si tu nous le racontais ?

Léonard — Avec plaisir. Les filles, êtes-vous bien installées ?

Une amie — Nous avons les petits gâteaux et le café. Nous t'écoutons.

Léonard — OK.

Evan (Freddie Highmore), jeune Mozart en herbe **vivait** dans l'espoir de retrouver ses parents grâce à la musique qu'il **avait composée**. Il **ignorait** que ceux qu'il **recherchait**, **étaient** également musiciens.

FLASHBACK

Des années plus tôt, deux jeunes, Louis et Lyla (Johnathan Rhys-Meyers et Keri Russell), **se sont rencontrés** sur le toit d'un bâtiment après avoir donné chacun leur concert et **ont passé** la soirée ensemble. Lyla, une musicienne talentueuse dont le père **veillait** à la carrière, **a eu** le cœur brisé quand son paternel lui **a interdit** de revoir Louis. Plus tard, Lyla **s'est rendu compte** qu'elle **était** enceinte. Un jour, après une autre dispute avec son père, elle **est sortie** du restaurant où ils **se trouvaient** et elle **a eu** un accident. A l'hôpital, la jeune femme **a appris** qu'elle **avait perdu** son bébé. De son côté, Louis **a quitté** le groupe dans lequel il **jouait** et il **s'est lancé** dans une nouvelle carrière.

Suite à son hospitalisation et à sa séparation avec Louis, Lyla **a emménagé** à Chicago où elle **enseignait** la musique tandis que Louis **vivait** et **travaillait** à San Francisco. Malgré tout, il **n'avait pas oublié** sa bien-aimée et après avoir retrouvé sa trace, il lui **téléphonait** régulièrement, mais **ne laissait jamais** de message.

ONZE ANS PLUS TARD

A New York, Evan Taylor **s'est présenté** aux services sociaux où il **s'est adressé** à Jeffries qui **travaillait** dans l'un des bureaux. Le garçon **l'a supplié** de ne pas le placer dans une famille parce qu'il **voulait** retrouver la sienne. L'assistant social **ignorait** qu'Evan **s'était échappé** de l'orphelinat où il **avait grandi**. Après avoir eu l'acquiescement de Jeffries, l'adolescent **a quitté** les lieux et **a déambulé** dans les avenues de la ville au son de la musique qu'il **entendait** ; pour lui, chaque bruit **ressemblait** à des notes. Tout en errant dans les artères new-yorkaises, il **a croisé** la route d'Arthur, un autre gamin sans père ni mère. Les deux **ont sympathisé** et le jeune Evan **a suivi** son nouvel ami qui **l'a présenté** à Maxwell Wallace. Ce dernier, qui **a su** identifier le talent du copain d'Arthur, **est devenu** son « manager » et **l'a surnommé** August Rush ; dès cet instant, la nouvelle recrue jouerait de la guitare dans la rue pour remplir la caisse de cet individu en marge de la société.

Un matin, Lyla **a reçu** une lettre du directeur de l'Orchestre Philarmonique de New York qui **l'invitait** à participer à un concert à Central Park, mais elle **a refusé** l'invitation. Très peu de temps après, elle **a eu** un appel téléphonique ; on lui a annoncé que son père **avait été** hospitalisé. Sans attendre, Lyla s'est rendue à son chevet et il lui **a dit** que son petit-fils **vivait** et qu'il **l'avait placé** dans un orphelinat. Alors, la mère **a décidé** de partir à la recherche de son petit ; elle **s'est envolée** pour New York où elle **a rencontré** Jeffries. Elle **a recommencé** à jouer du violoncelle et **espérait** que son fils entendrait sa musique. Et Louis ? Sur un coup de tête et sans doute de cœur, il **a pris** la décision de se remettre à la musique et de partir s'installer à New York.

Une amie — Et que **se passait**-il avec Evan ?

Léonard — Sois patiente !

Dans la ville de la grosse pomme, tandis que Jeffries **recherchait** « l'orphelin », la police **faisait** une descente à l'endroit où Maxwell **se cachait** avec les enfants qui **travaillaient** pour lui. Dans tout ce vacarme, Evan en a profité pour s'enfuir. Dans sa course effrénée, il s'est laissé guider par du gospel qui **l'a conduit** à une église où une chorale **répétait** et il y **est entré**. Le révérend lui **a offert** un toit et la petite fille du groupe **s'est liée** d'amitié avec ce jeune musicien. Grâce à elle, l'adulte **a constaté** le don du garçon et lui **a ouvert** les portes de l'école de musique Juilliard.

Les professeurs de cette institution prestigieuse **ont convoqué** Evan pour lui demander de diriger, à Central Park, l'orchestre qui interprèterait la rhapsodie qu'il **avait écrite**. L'enfant **a accepté** sans savoir que sa mère s'y trouverait. La veille de l'évènement musical, il **répétait** sur une place. Louis qui **marchait** dans le secteur, **a entendu** le guitariste ; conduit par une douce mélodie, il **est allé** vers lui et **a jeté** des pièces dans le boîtier de son instrument de musique. Puis, Louis **a engagé** la conversation et ils **se sont mis** à discuter.

Le lendemain, le soir de la représentation, Evan, repéré dans le métro par Maxwell, **a annoncé** à l'homme qu'il **désirait** retrouver ses parents. Au même moment, Louis qui **avait fini** sa prestation dans une salle, **se rendait** en voiture à une fête quand il **a perçu** de la musique qui **provenait** de Central Park, lieu où Evan **devait** faire ses débuts. Tout d'un coup, il **a aperçu** une publicité pour ce concert et il y **a lu** le nom de la jeune femme, Lyla Novacek, qu'il **avait rencontrée** dans un lointain passé et à laquelle il **pensait** constamment. Alors, il **est descendu** de son véhicule et il **a couru** jusqu'au parc où Lyla **terminait** de jouer.

Après sa performance, perdue dans ses pensées, Lyla **s'éloignait** de cet immense jardin ouvert à tous quand elle **a entendu** la musique du prodige. Elle **s'est retournée** lentement, **a fendu** la foule et **s'est dirigée** vers la scène. Avançant d'un pas décidé, elle **n'a pas vu** Louis qui **l'avait reconnue** ; après quelques secondes d'émotion, il **s'est mis** à marcher pour la rattraper. Arrivé à sa hauteur, côte à côte au premier rang, Louis lui **a pris** la main. Elle **a tourné** le visage, ils **se sont souri** et leur regard **s'est posé** sur le chef d'orchestre ; les parents **avaient** enfin **retrouvé** leur enfant. Evan **achevait** sa rhapsodie quand il **a pivoté** sur ses talons pour saluer la foule et il **a vu** son père, et sa mère pour la toute première fois de sa vie. Il **a levé** les yeux au ciel et **a pensé** :

« La musique est partout, il suffit de l'écouter ». Fin.

Sophie	- Ah ! Les histoires d'amour ! Dimanche, le film *Une princesse en liberté* a été diffusé à la télé. Je sais que vous **ne l'avez pas vu**, laissez-moi vous le raconter.

« UNE PRINCESSE EN LIBERTE » OU LE TRIOMPHE DE L'AMOUR

Dans ce film allemand, *Une princesse en liberté*, la reine du royaume du Liechenstein a donné naissance à une fille nommée Isabella. Dès cette venue au monde, la mère et le père **se sont mis** d'accord sur le choix de leur futur gendre, ce serait le prince Ferdinand.

Durant son adolescence, la jeune fille **se préparait** pour sa future fonction même si elle **ne se réjouissait pas** de vivre dans un environnement protecteur et parfois étouffant. Un jour, elle **s'est rebellée** contre ses parents parce qu'elle **s'était rendu compte** que sa vie ne ressemblait en rien à celle des adultes de son âge ; avant de se marier, elle **voulait** faire un stage à l'ambassade berlinoise et être traitée comme n'importe quel employé. Son père compréhensif **s'est décidé** à convaincre son épouse de laisser leur enfant accomplir son rêve. Par conséquent, la jeune femme qui **s'était fiancée** contre son gré pour plaire à la couronne, deviendrait stagiaire à l'ambassade de Berlin en princesse incognito ; l'ambassadeur et deux de ses aides seraient les seuls à connaître sa véritable identité.

A son arrivée à l'ambassade, Isabella et Lucas, un jardinier (qui en plus de veiller sur son frère, **s'occupait** seul de son fils), **se sont rencontrés** et **se sont pris** d'amitié. Au fil des jours, leur relation **s'est développée** et l'agent secret qui **se tenait** toujours dans l'ombre pour protéger la future souveraine, a fait savoir aux parents et au fiancé ce qui **se passait**. Des journalistes bien informés **se sont empressés** de divulguer cette nouvelle. Lucas qui **ne s'attendait pas** à une telle révélation par la presse, **s'est senti** trahi et a décidé d'oublier celle qui **avait conquis** son cœur.

De son côté, le prince Ferdinand **s'est rendu** à l'ambassade et **s'est entretenu** avec Isabella pour qu'elle rentre au royaume avec lui. A leur retour, ils **se sont parlé** et elle lui a appris qu'elle **ne l'aimait pas**. Après avoir rompu leurs fiançailles, ils **se sont présentés** devant la reine et son mari pour leur annoncer que le mariage n'aurait pas lieu. Puis, soulagée et heureuse, Isabella **s'est enfuie** du palais pour retrouver l'élu de son cœur qui **ne voulait plus** la fréquenter, mais également parce qu'elle devait présider à l'inauguration de la rénovation de l'ambassade.

Ce jour-là, les parents du jeune homme **désiraient** le convaincre de partir rejoindre sa belle parce qu'ils **s'inquiétaient** pour lui ; selon eux, le grand amour n'arrivait qu'une fois dans la vie et ils en étaient la preuve. Finalement, Lucas **est allé** à la cérémonie et quand il **a franchi** les portes de l'ambassade, il **a vu** Isabella qui **se tenait** devant les invités. Quand leurs regards **se sont croisés**, la jeune femme a modifié son discours et **s'est adressée** à « l'architecte-paysagiste ».

Selon vous, **se sont**-ils **mariés** ? Les familles des deux amoureux **se sont**-elles **réunies** ? Est-ce que le jeune frère **ne s'est plus endetté** ? Le couple **s'entendait**-il bien avec son entourage ? Le fiancé déchu **s'est**-il **remis** de sa blessure ? Je **me suis demandé** si je devrais vous donner les réponses à ces questions et je **me suis arrêtée** à la décision suivante : si l'histoire **s'était terminée** plus clairement, j'en aurais dit un peu plus, mais la fin m'a laissée avec ma conclusion. Un film à voir un jour de pluie pour réchauffer les cœurs.

VIVRE OU NE PAS VIVRE EN VILLE

Après le départ de leur amie, Léonard et Sophie décident de dîner dans un restaurant. En attendant d'être servis, ils discutent.

Léonard — Ce journaliste m'a donné une bonne idée. Continuons les interviews. Pourquoi ne veux-tu pas habiter en ville ?

Sophie — La vie se présente **moins attrayante qu'**à la mer.

Léonard — A mon avis, en ville, on offre **plus de distractions que** dans les villages.

Sophie — Vraiment ? Sur la côte, la nature paraît bien **plus belle**. Les personnes donnent l'impression d'être **moins stressées** et il y a **moins de bruit**.

Léonard — Les villes côtières, quand bien même **plus petites que** la capitale, par exemple, font face à **autant de circulation** et sont **moins animées** sauf en été. Toi qui aimes faire les vitrines, tu trouverais **plus de magasins** dans une grande ville.

Sophie — Sans doute, mais avec **plus de pollution** ! Et les prix sont **plus élevés qu'**en province. Quant à toi, si tu vivais dans une petite commune, tu roulerais à moto **plus vite** sur des routes moins fréquentées.

Léonard — En effet, en milieu urbain, on ne conduit pas **aussi rapidement**.

Sophie — Cela veut-il dire que pour faire de la moto, résider en milieu rural semble **mieux** que d'avoir son domicile en ville ?

Léonard — Je ne dis pas tout à fait cela !

VILLE OU CAMPAGNE ?

Sophie se rappelle avoir lu un article dans lequel il s'agissait de la façon dont on choisissait son lieu d'habitation. Elle sort sa tablette de son sac, cherche le texte et le montre à Léonard qui le lit.

« Un jour ou l'autre, tout le monde **se pose** la même question : vaudrait-il mieux être domicilié en milieu urbain ou rural ? Comment prenons-nous notre décision ?

L'endroit où nous résidons dépend pour certains, tout d'abord, du travail. Elire domicile en ville permet d'être proche de ce lieu où nous passons au moins huit heures par jour. Néanmoins, nous sommes privilégiés si notre chez nous devient notre bureau. Par conséquent, peu importe l'endroit où nous **nous trouvons** parce que nous nous lèverons tard si nous **ne nous couchons pas** tôt et nous **nous mettrons** à travailler quand nous le souhaiterons. Nous n'aurons pas à **nous habituer** au bruit, à la circulation comme ceux qui doivent **se rendre** à leur job en voiture ou à moto. Que dire des citadins dans les grandes villes ?

Normalement, ils **s'installent** dans un gratte-ciel ou dans un immeuble. Ils **se déplacent** en métro, en bus, à vélo ou à pied et ne cherchent pas de place pour **se garer**. De plus, ils ne perdent pas trop de temps dans les transports en commun. Si le matin ils s'en vont de chez eux en retard, ils **se dépêcheront** pour arriver à l'heure au boulot.

Toutefois, dans notre choix de résidence, nous tenons toujours compte du facteur " enfants ". Si nous **nous préoccupons** du bien-être de nos bambins, nous habiterons à la campagne parce que les petits **s'amusent** mieux dans un jardin que dans une pièce. Nous pourrons **nous reposer** au grand air tout en sachant que nos chérubins ne vont pas **se mettre** en danger.

Bien d'autres raisons pèsent dans la balance quand il nous faut choisir où demeurer. Malgré tout, si nous avons du mal à prendre une décision, **ne nous inquiétons pas**, faisons preuve de patience. **Rappelons-nous** que vivre en ville ou à la campagne présente des avantages et des inconvénients. »

QUESTION DE GASTRONOMIE

Léonard — Tout est discutable. Bon ! J'ai faim. Où sont nos entrées ? Dis-moi : si tu devais servir un repas basque, que **préparerais**-tu ?

Sophie — S'il me fallait composer un déjeuner comprenant des mets de la région basque, je **commencerais** par une entrée : une assiette de jambon de Bayonne, des tranches de fromage de brebis, de la confiture de cerises et du pain de campagne. Pour le plat principal, si mes convives aiment le poisson, **j'achèterai** des sardines que je **grillerai** à la plancha et que je **présenterai** avec une piperade. Les sardines **pourraient** être accompagnées de frites. Pour le dessert, je **ferais** un gâteau basque. Si je n'avais pas assez de temps, **j'irais** en acheter un. S'ils me demandaient un digestif, ils **boiraient** de l'Izarra. Et **n'oublions pas** le café !

Léonard — Si tu **reçois** des invités, leur proposes-tu un apéritif ?

Sophie — S'ils le souhaitent, **j'offre/offrirai** de la sangria ou des apéros avec des noms bizarres comme P'tit Loup ou encore R.T.T. (Remets ta tournée).

Léonard — Délicieux ! Quand tu **feras** ce repas, invite-moi. Si j'avais su que tu cuisinais de la sorte, je **t'aurais passé** ma commande lorsque mes parents ont dîné chez moi. Si quelqu'un avait un grand appétit, que lui **mijoterais**-tu ?

Sophie — Si tu **m'avais dit** cela au début, j'aurais suggéré des pintxos (des tapas), une paëlla, une salade verte au fromage de brebis, une tourte aux poires et un café.

Léonard	- Hier, j'ai dîné d'une paëlla que **j'avais achetée** au marché le matin. Tu m'as donné envie d'un plat de sardines grillées pour demain midi. Quand nous **partirons/serons partis** de ce restaurant, je **ferai** un crochet par la poissonnerie-restau avant de rentrer chez moi. Pourvu que ce soit ouvert ! Que **mettras**-tu à table demain soir ?
Sophie	- Mes parents me rendront visite ; nous **mangerons** soit un axoa de veau avec des haricots verts, soit de la morue aux petits légumes, …
Léonard	- Miam ! Miam ! Si je les avais rencontrés, **m'auraient**-ils **invité** ?
Sophie	- Ça, c'est une question que tu **aurais dû** leur poser. Mon cher ami, je n'en ai pas la moindre idée !
Léonard	- Tu me taquines. Tu m'as dit que ton père et ta mère **aimeraient** me voir la prochaine fois qu'ils viendraient chez toi.
Sophie	- Ah ! C'est vrai ! **J'avais oublié** te l'avoir mentionné. OK ! Dîner à 19h00. S'il te plaît, **apporte** des macarons ; hier, je me suis rendu compte que je **n'en avais pas acheté** pour ma mère qui les adore. Je te **rembourserai** aussitôt que tu seras arrivé ; maintenant, je n'ai pas de liquide sur moi, seulement ma carte bleue.
Léonard	- Compte sur moi ! J'ai de la chance de connaître une personne qui cuisine.
Sophie	- Tu as raison ! C'est parce que j'adore manger.

LA NOURRITURE ET NOUS

Léonard — J'ai du mal à t'imaginer comme quelqu'un qui **avait** un grand appétit. Quant à être gourmande, cela est tout à fait possible.

Sophie — Alors, écoute (suite à ce commentaire, Sophie va évoquer un épisode de sa vie) !

Jeune adulte, je **mangeais** tout ce que je **voulais**. Je **recevais** souvent des chocolats de mon père. A cette époque-là, je **ne suivais pas** de régime ; je **n'avais pas** d'agent qui **m'exigeait** de faire attention à ma ligne, mais des amis qui **faisaient** la police. Quand nous **sortions** ensemble, ils **remarquaient** tout ce que je **prenais** : d'après eux, je **mettais** dans mon assiette trop de nourriture que je **ne finissais pas**.

Quand nous **allions** déjeuner dans l'un de nos restaurants favoris, nous **commandions** toujours de nouveaux mets. Je **ne choisissais pas** de plats lourds et j'en **demandais** deux que mes amis et moi **partagions**. L'un d'eux, en attendant que le serveur nous apporte notre commande, **dégustait** un apéritif (il **sirotait** également un digestif ; heureusement, il **ne conduisait pas** pour se rendre à son stage). Après le dessert, nous **buvions** un café servi avec un carré de chocolat. Nous **savions** que les serveurs **étaient** aux petits soins pour leur clientèle.

Un jour, **j'ai pris** la décision de devenir mannequin et tout **a changé** : **j'ai perdu** l'envie de savourer des sucreries. Je **suis allée** dans une agence de renommée internationale et après des mois, **j'ai réussi** dans le monde de la mode. **J'ai** énormément **voyagé** et **j'ai vécu** en Italie où **j'ai**

appris à cuisiner. Une année, mes parents **sont venus** à l'un de mes défilés et **m'ont dit** qu'ils **étaient** fiers de moi, même s'ils **n'aimaient pas** beaucoup ce que je **faisais**. Cette fois-là, mon père nous **a emmenés** dîner dans une brasserie allemande.

Maintenant, quand je pense à ce travail, je peux dire qu'il **m'a permis** de rencontrer des personnes intéressantes. J'apprécie encore la mode et je **n'ai jamais oublié** mes années de mannequinat ; il y a plusieurs mois, **j'ai assisté** à un défilé de mode dans la rue Montaigne. Et ma gourmandise ? Je n'oublierai jamais lorsque mon père et moi **avons fêté** les quarante ans de cette pâte chocolatée à tartiner, celle que nous dégustons tous à la cuillère ou sur du pain.

L'AVENTURE NUTELLIENNE

Sophie va relater à Léonard sa collation chocolatée par **un** bel après-midi d'été.

En 2005, en parcourant **le** journal auquel j'étais abonnée, j'ai remarqué **un** entrefilet au sujet des « 40 ans de Nutella® » que j'ai lu parce que j'adore **le** chocolat. Pendant quarante jours serait célébré l'anniversaire de **la** fameuse pâte aux noisettes et aux fèves de cacao. Mon père et moi pourrions en consommer **des** kilos ! Alors, nous nous sommes rendus à **la** fête du Nutella®.

Nous avons pris **le** métro et à la sortie de la station, nous avons cherché **la** rue dans laquelle se trouvait **le** palais du chocolat, **un** hôtel particulier transformé pour l'occasion en salon de dégustation. Tout en marchant et en regardant les numéros des maisons, nous avons aperçu **une** très longue file. Arrivés à l'adresse indiquée dans le journal, nous nous sommes mis derrière **la** dernière personne. Quelques minutes plus tard, nous avons engagé la conversation avec **un** groupe venu après nous, **des** journalistes qui écriraient **un** article sur cet événement visant **les** gourmands. Tout d'un coup, nous avons entendu **le/un** garde qui permettait de franchir **la** grille : « à quinze heures, nous fermerons les portes. » Aussitôt, j'ai regardé l'heure à ma montre et je me suis demandé si nous aurions **la** chance d'accéder à l'intérieur.

Après avoir bavardé un moment avec ces reporters, l'un d'eux nous a offert **des** cartes d'invitation. A ce moment-là, l'un des agents qui assurait la sécurité et l'entrée, nous a dit : « ces visiteurs, (**les** journalistes), seront admis ; quant à vous autres, nous vous invitons à revenir demain, à partir de onze heures. » Mon père et moi, très heureux, avons échangé **un** sourire de soulagement. Mais quelle déception pour ceux qui ont dû tourner **les** talons et ont laissé passer **une** telle occasion où **le** chocolat détenait **la** place d'honneur ! Et nous sommes entrés !

Nous avons traversé **une** salle où était présentée l'histoire de cette pâte. Puis, nous avons pénétré dans **un** lieu immense. On entendait **les** personnes converser, mais dès que **les** plateaux étaient déposés sur **les** tables où trônaient **des** pots de Nutella® de cinq kilos, **les** voix se taisaient ; il n'y avait plus **de** discussion sauf pour demander ce dont on avait besoin parce que **les** serveurs circulaient pour s'assurer que tout allait bien pour **les** « dégustateurs ».

Mon père et moi nous sommes installés à une table basse ; aussitôt, **une** serveuse s'est approchée de nous et nous a tendu **une/la** carte afin que nous choisissions **un** menu. Tous **les** mets étaient préparés à base de Nutella® sauf **les** canapés. Nous avons commandé **le** menu n°3 : **un** milk-shake à la banane et au Nutella®, **un** muffin au Nutella®, **une** tasse de café au Nutella® (**sans sucre**),

une portion de fromage blanc et du Nutella®, et **des** canapés au saumon fumé, au jambon et au fromage.

Quel anniversaire ! Toute **une** foule venue de tous **les** coins de l'Hexagone et d'ailleurs pour célébrer **une** pâte qui fait le plaisir de tous **les** enfants, **les** petits et **les** plus grands, depuis **des** décennies ! Toutefois, Léonard, serait-il possible qu'il y ait **des** gens qui n'aiment pas **le** chocolat et qui ne mangent jamais **de** chocolat ?

Léonard — Impossible !

Sophie — Finissons notre escapade gourmande sur la note suivante : as-tu déjà savouré **de la** brioche vendéenne avec **du** Nutella® et **du** beurre de cacahuètes, le tout recouvert de banane et bu **un/du** lait froid ?

Léonard — Non, pas encore ! Cela me semble délicieux, mais j'ai une question plus pressante : où sont nos plats ?

Finalement, Léonard et Sophie ont été servis. Bon appétit !

DEFILE DE MODE

Début septembre, Sophie a appris que ses amis de Boston, Joanna et James, **visiteraient** Paris pendant les fêtes de fin d'année donc, le 20 décembre, ils **s'envoleront** pour la France. La jeune femme **ira** dans des grands magasins ; elle adore faire du shopping et son péché mignon se résume en un mot : les fringues. Par conséquent, Sophie devait leur faire savoir ce qui suit.

« Si vous allez dans un grand magasin, **choisissez** les Galeries Lafayette. Quand vous y **serez**, il faudra que vous voyiez un défilé de mode. Tout d'abord, vous **vous dirigerez** vers l'Accueil où vous **obtiendrez** vos cartes d'invitation. Joanna, je me demande si James **voudra** s'y rendre. Lorsque tu **arriveras** à l'entrée de la salle, tu seras accueillie par un représentant des Galeries qui t'accompagnera à une table et où l'on t'**apportera** une boisson de ton choix servie avec des petits fours.

A l'heure annoncée, les lumières de la pièce **s'éteindront** sauf celles éclairant le tapis rouge sur lequel les mannequins marcheront au son d'une musique douce. En retrait de l'estrade, quelqu'un **se tiendra** devant un micro pour présenter les tenues. Si des personnes souhaitaient acheter, par exemple, une robe, un tailleur, un manteau ou des bottes, ce défilé **pourrait** leur faire remarquer un de ces articles qu'elles **désireraient** se procurer en quittant le show. Moi, si je n'avais pas assisté à une présentation de la collection d'hiver il y a quelques années avec ma mère, je **n'aurais pas acheté** ces bottines que je porte très souvent.

Comme toujours, si des mannequins paradent, des photographes **prennent** des photos. Lorsque des clientes **remarqueront** un vêtement à leur goût, les applaudissements crépiteront. James, si tu y **vas**, tu trouveras, sans doute, un beau pardessus ou un costume (des hommes défilent également avec les modèles féminins). Tout ce que vous **admirerez** se vend aux Galeries. Toutefois, si des ensembles ne retenaient pas l'attention, je **ne serais pas étonnée** ; tous ne peuvent pas nous plaire à cause de leur extravagance ou de leur coupe.

Lors de votre séjour, si vous optez pour un mini-spectacle, **assistez** à un défilé ! Quoique vous fassiez, j'espère que vous **passerez** des vacances agréables à Paris. A plus ».

QUELLES SONT LEURS DISTRACTIONS ?

Par un après-midi de fin d'été un peu gris, Léonard et Sophie ont joué au golf et ensuite, ils ont pris un chocolat chaud dans un café donnant sur l'océan.

Léonard — Sophie, tu aimes la peinture, n'est-ce pas ?

Sophie — Bien sûr, en particulier celle des impressionnistes.

Camille Pissarro - The Louvre, Afternoon, Rainy weather, 1900 - National Gallery of Art, Washington

Léonard — Penses-tu aux toiles **de** Monet ?

Sophie — Oui et également à celles de Caillebotte, Manet, Pissarro, Sisley. Toutefois, **mon** peintre préféré s'appelle Monet et j'adore tous **ses** tableaux, mais **mon** favori *Impression, soleil levant* me plaît énormément et donc, cette peinture est **ma** favorite.

Léonard — Intéressant ! Toi et moi aimons nous exprimer avec nos pinceaux. Moi, je peins surtout en hiver, quand on ne va pas en mer ; j'ai reproduit des chefs-d'œuvre que je pourrais contempler des heures et des heures. D'ailleurs, mes parents ont plusieurs reproductions dans **leur** maison secondaire et ce sont **les miennes**. J'en possède tellement que je ne sais plus où les accrocher, alors, je les offre. Et toi, trouves-tu le temps de t'asseoir devant ton chevalet ?

Sophie — En ce moment, je participe à un atelier de peinture et on nous a demandé de copier **notre** toile préférée et j'ai choisi le tableau à l'origine du mouvement impressionniste. Quand **mon** œuvre sera terminée, je la mettrai chez moi, dans **mon** bureau.

Léonard — Moi, je ne peins pas si la pièce où je me trouve n'est pas suffisamment éclairée par la lumière du jour parce que j'ai mal **aux** yeux quand j'allume les néons.

Sophie — Je n'ai pas ce problème-là, mais j'en ai un autre : je ne passe pas plus de trois heures d'affilée à manier les pinceaux parce que j'ai mal **au** cou et je dois me masser **le** cou.

Léonard — Que fais-tu d'autre pour te distraire ?

Sophie — S'il fait bon, je fais de la voile ou du tennis ; autrement, je lis, je vais au cinéma, je…

Léonard — Quel est **ton** acteur préféré ? Moi, **mon** actrice préférée se nomme Meryl Streep. Que penses-tu de **ses** films ? (Tout en parlant, Léonard cherche son portefeuille, et sort un dossier et un livre qu'il pose sur la table.)

Sophie — Il y a beaucoup à dire. Tiens ! *Demain* par Guillaume Musso ! Ce roman est-il à **toi** ?

Léonard — Non, il n'est pas à **moi**, il appartient à ma belle-sœur, il est à **elle**. Voudrais-tu l'emprunter ?

Sophie — Si tu ne le lis pas, je veux bien. Un article sur lequel figure ton nom ! Qu'as-tu écrit ?

Léonard — Oh, zut ! J'ai complètement oublié ; il me faut partir immédiatement, je vais être en retard, j'ai un rendez-vous avec **mon** éditrice et je dois emporter ces feuilles.

Sophie — Bonne chance ! Dis, puisqu'un autre de tes passe-temps est l'écriture, si tu te penchais sur les élections présidentielles américaines ?

Léonard — Pourquoi pas ! Si ce que je viens d'écrire sur la pollution maritime fait la une du journal cette semaine, **mon** prochain écrit portera sur l'actualité américaine, la course à la Maison Blanche et je te l'enverrai.

Sophie — Entendu ! Je suis sûre de le recevoir. Ciao !

Léonard — A bientôt, Sophie.

MUSSO OU LA LITTERATURE DES VIES EN PARALLELE

En France, un écrivain qui continue **à** avoir un grand succès s'appelle Guillaume Musso. Dans plusieurs de ses histoires, il s'agit **de** réunir des personnes vivant en parallèle.

Quand on commence **à** lire l'un de ses romans, on ne **peut** pas le **poser** jusqu'à ce qu'on l'ait terminé. Après avoir fini **de** dévorer le dernier ouvrage paru, l'avaleur de pages espère que le romancier se dépêchera **d'**en publier un autre. Comment les lecteurs réagiront-ils le jour où l'écrivain décidera **de** ranger sa plume ? **Préfèreront**-ils **choisir** un autre auteur ? **Sauront**-ils **trouver** un bon conteur ? Songeront-ils **à** écrire eux-mêmes ? Essaieront-ils **de** convaincre Musso via Facebook de se remettre **à** l'écriture ? Inutile de se préoccuper **de** cela pour le moment parce que Musso ne pense pas **à** s'arrêter de noircir des pages. Et maintenant, partons à la rencontre des deux protagonistes de *Demain* que Sophie a lu en moins de vingt-quatre heures.

Matthew Shapiro, vivant à Boston, professeur de philo à l'Université d'Harvard, s'occupe seul **de** sa petite fille depuis qu'il a perdu sa femme dans un accident de voiture. A l'approche du jour qui a fait basculer sa vie, la veille de Noël, il **va se mêler** à un groupe qui foule la pelouse d'une propriété où a lieu un vide-greniers. Attiré par un ordinateur (il en a besoin **d'**un), Matthew en demande le prix **au** propriétaire et finit par acheter le PC.

Emma Lovenstein, habitant à New York, sommelière, malheureuse en amour, a choisi **de** travailler dans un restaurant dont la réputation n'est plus à faire grâce à son chef. Un soir, comme d'habitude, elle consulte sa messagerie et trouve un courriel de Matthew qui lui **apprend être** en possession de son ordi et de ses photos. Le couple échange une série de messages et à la fin, Matthew invite la jeune femme **à** dîner.

Avant de se retrouver, les deux célibataires décident **de** se mettre sur leur 31. A 20h02, Emma arrive la première au restaurant new-yorkais où ils se sont donné rendez-vous. A 20h04, Matthew pénètre dans ce même restau, s'installe à la table qu'il a réservée et attend Emma. Et le temps passe et personne ne **viendra rejoindre** l'autre. Matthew et Emma n'arriveront pas **à** se rencontrer bien que tous les deux se soient trouvés là où ils devaient être.

De retour chez lui, Matthew prend connaissance d'un courrier électronique de la jeune femme et ne comprend rien à ce qu'elle raconte. Après une longue correspondance, Emma découvre que Matthew vit en 2011 et elle, en 2010. Comment cela **peut**-il **arriver** ? **Désirez**-vous **connaître** la suite ? Réussiront-ils **à** faire connaissance ? Nous vous suggérons **de** vous procurer ce roman à suspense.

Grâce à des auteurs comme Musso, les libraires **espèrent attirer** de plus en plus un public préférant le livre à la tablette. Si vous vous mettez **à** lire ses récits, nous vous invitons **à** partager avec nous ce que vous pensez **de** votre lecture. Par ailleurs, nous **aimerions savoir** si vous conseilleriez **à** votre entourage **de** s'évader dans ses bouquins, dans la majorité des best-sellers. Répondrez-vous **à** nos questions ? D'après vous, ses histoires plaisent-elles à tout le monde ?

ELECTIONS PRESIDENTIELLES AUX ETATS-UNIS

Léonard a écrit sur les deux politiciens qui défrayent la chronique depuis plusieurs mois aux Etats-Unis.

« Les élections **présidentielles américaines** auront lieu en novembre 2016. Le peuple américain fera-t-il le **bon** choix ? Présentons les deux candidats qui sont à la une.

Tout d'abord, membre du parti **démocrate**, Hillary Clinton, la femme **de l'ancien** président Bill Clinton, donne-t-elle l'image d'une politicienne **honnête et qualifiée** ? Quand son **cher** mari présidait à la Maison Blanche, elle travaillait dans son **propre** bureau. Cette avocate **brillante, ambitieuse et travailleuse** est-elle une personne **compétente et conservatrice** ? Ces **dernières** années, cette Américaine porte un **nouveau** chapeau, celui d'une grand-mère **douce**.

L'autre candidat, pour lequel le Collège électoral voterait, s'appelle Donald Trump, un homme d'affaires **milliardaire**, marié **de nombreuses** fois. De tous les espoirs **républicains** qui se sont présentés, il s'affiche comme le **seul** postulant sans bagage politique. Reconnaissable à sa coupe de cheveux, a-t-il la chevelure **blonde** ou bien des cheveux **gris** décolorés ? S'agit-il d'une **vieille** personne **énergique et professionnelle** ? Les Américains croient-ils qu'il ait des idées **extravagantes** ? Voilà une question **importante** à laquelle ils répondront le premier mardi de novembre 2016.

En janvier 2017, l'investiture à la présidence se déroulera à Washington et une partie de la population laissera éclater son bonheur tandis que l'autre manifestera son mécontentement. God bless America ! »

ELECTIONS PRESIDENTIELLES : LE PREMIER DEBAT

En mars dernier, Sophie **est allée** à Boston pour assister au championnat de patinage artistique. Elle **a pris** un avion de la compagnie aérienne Air France et elle **est arrivée** en fin d'après-midi dans la capitale des fans de patinage. Pendant le vol, elle **a fait** la connaissance d'un jeune couple, Joanna et James, qui rentrait chez lui après avoir passé une semaine aux Pays-Bas. Ils **ont discuté** de plusieurs sujets, en particulier de politique. Après avoir sympathisé, les Américains lui

ont donné leur numéro de téléphone. Par conséquent, lorsque Sophie **a entendu** aux actualités que le 26 septembre, le premier débat présidentiel entre les deux candidats qui avaient gagné la primaire serait retransmis en direct à la télévision américaine, elle **a pensé** à ces personnes qu'elle avait revues pendant son séjour. Le week-end après le face-à-face présidentiel, elle les **a appelées** pour en parler. Que **se sont-ils dit** ?

Sophie	- **Avez**-vous **vu** le débat lundi soir ?
James	- Oui, cela va sans dire.
Sophie	- Pourquoi est-ce que vous **ne vous êtes pas déplacés** pour être dans l'assistance ?
Joanna	- Parce que nous **avons dû** assister à une réunion qui **s'est terminée** très tard.
Sophie	- Est-ce que Lester Holt **a** bien **posé** les questions ?
James	- Il les **a** bien **posées**, mais il **ne** les **a pas** toutes **posées**, faute de temps.
Sophie	- Le candidat républicain **s'est-il-exprimé** sur tout ce qui lui avait été demandé ?
James	- Non, il **ne l'a pas pu**.
Sophie	- **A-t**-il **été** à la hauteur ?
James	- Pour moi, il **ne l'a pas été**.
Sophie	- La candidate démocrate a-t-elle **lu** ce qu'elle disait ?
Joanna	- Mais non ! Quant à son adversaire, il **a bu** beaucoup d'eau pendant les deux heures. A mon avis, il **a cru** que l'ancienne avocate ne mentionnerait pas la conduite qu'il arborait dans ses jeunes années.
Sophie	- Vous pensez à l'ancienne Miss Univers qui **s'est plainte** des remarques qu'il lui avait faites ?
Joanna	- Oui, et à cause de ces commentaires, il **a fallu** qu'elle se fasse soigner.
Sophie	- Comment a-t-il **construit** son empire ?
James	- Grâce à son père qui lui **a offert** une belle somme pour démarrer.
Sophie	- Les deux postulants **ont**-ils **réussi** à convaincre le peuple américain ? **Ont**-ils **reçu** un accueil chaleureux ? Est-ce que le débat vous **a plu** ?
Joanna	- Nous **n'avons rien appris** de nouveau. Peut-être que les deux autres rencontres répondront à nos attentes.
Sophie	- Je vous le souhaite.

CONVERSATION AU SUJET D'UN DES CANDIDATS

Lors de **cet** appel téléphonique, quelques jours après le 26 septembre 2016, Sophie et ses amis de Boston se sont entretenus de l'élection présidentielle américaine. Dans **ce** dialogue, Sophie a posé des questions sur les candidats et a anticipé le résultat du vote.

Sophie — Qui succèdera au président Obama ? Que pensez-vous de **ces** personnes dont tout le monde parle en ce moment ?

Joanna — **Celles** auxquelles tu fais allusion s'appellent Clinton et Trump, n'est-ce pas ?

Sophie — Naturellement ! **Cet** homme de soixante-dix ans est-il populaire parmi les Américains ?

Joanna — Parmi **ceux** que je connais, son impopularité est flagrante.

James — Après lundi soir, **ceux** qui avaient l'intention de voter pour lui doivent remettre en question leur choix.

Sophie — Croyez-vous que pour **cette** élection-ci, il y ait un problème lors des résultats comme pour **celle** qui s'est déroulée entre Gore et Bush ? **Ceux** de **cette** année-là resteront dans les mémoires.

James — C'est vrai, nous n'oublierons jamais **celle/ceux**-là. Je vais te dire **ceci** : **cela** ne peut pas se reproduire. J'espère que le résultat du vote du Collège électoral ne différera pas de **celui** du vote populaire. Je refuse de considérer **cette** situation.

ELECTIONS PRESIDENTIELLES : LE DEUXIEME DEBAT

Le 10 octobre 2016, lendemain du débat télévisé, le téléphone sonne chez Sophie et le couple bostonien est au bout du fil.

Joanna — Cette rencontre **s'est déroulée** à St-Louis dans le Missouri. Lorsque les deux candidats **se sont présentés** au public qui les attendait, ils **ne se sont pas serré** la main. Surprenant ! Habituellement, ils **se la serrent**. Puis, ils **se sont dirigés** vers leurs chaises et ils **se sont assis**. Ils ont écouté les deux modérateurs, Anderson Cooper et Martha Raddatz, qui ont expliqué les règles de ce face-à-face. Les reporters poseraient leurs questions, mais ils laisseraient l'auditoire **interroger** les représentants des partis démocrate et républicain.

Sophie — La tension qui régnait **devait** être palpable.

Joanna — Dans leurs réponses, Clinton et Trump **se sont attaqués** à un niveau personnel. L'homme d'affaires s'était bien préparé : pour **se couvrir**, il **s'est permis** d'inviter des personnes qui avaient eu des démêlés avec son adversaire et son mari. Il **savait** qu'il serait questionné au sujet de cette vidéo de 2001 qui fait scandale depuis trois jours.

Sophie — L'histoire a traversé l'Atlantique !

Joanna — De plus, il **s'est** énormément **répété**. Quant à celle qui pourrait marquer l'histoire américaine, elle **s'est montrée** posée et **s'est défendue** tout en dévoilant ce qu'elle envisagerait pour le pays si elle devenait la résidente de la Maison Blanche.

Sophie — **Ont**-ils **respecté** leur temps de parole ?

Joanna — Bonne question ! Mais non ! Les journalistes **se sont impatientés** quand l'un ou l'autre des politiciens avait dépassé ses deux minutes. D'ailleurs, à un moment, Martha Raddatz a réprimandé l'un d'eux en disant : « **arrêtez-vous**, votre temps **s'est écoulé** ! » Heureusement, il n'y a pas eu de cacophonie comme en septembre : les prétendants au 1600 Avenue de Pennsylvanie et la journaliste parlaient en même temps.

Sophie — **Se sont**-ils **salués** à la fin du débat ?

Joanna — Le septuagénaire **s'est dirigé** vers l'avocate de formation, lui a tendu la main et finalement, ils **se la sont serrée**.

Sophie	- Tout de même !
Joanna	- Ce matin, je **me pose** bien des questions. De tous les débats auxquels j'ai assisté, je **ne me rappelle pas** avoir été si surprise.
Sophie	- **Vous étonnez**-vous de la réaction de certaines figures politiques ?
James	- Nous avons tous le droit de **nous exprimer** et surtout quand il s'agit de mener et représenter un pays.
Sophie	- A qui le dîtes-vous ! En France, nous allons bientôt réfléchir sérieusement au sujet

de notre choix concernant le futur locataire de l'Elysée. Les primaires de droite auront lieu le 23 et le 30 novembre 2016 et celles de gauche le 22 et le 29 janvier 2017.

Joanna	- Je voudrais **me tenir** au courant des présidentielles en France. Serait-il possible de **se téléphoner** ?
Sophie	- Assurément ! Et tu auras l'occasion de **te prononcer** sur nos élections.
Joanna	- Bon ! Rendez-vous pris pour le 19 octobre, dernier débat. La date tant attendue **s'approche** à grands pas !

COMPARONS LES ELECTIONS EN FRANCE ET AUX ETATS-UNIS

Joanna s'intéresse à la politique française ; elle et Sophie se retrouvent au téléphone plus tard dans le mois.

Sophie — Es-tu calée en politique française ?

Joanna — Je dois apprendre plus. Combien de partis dénombre-t-on ?

Sophie — En France, on compte **plus de partis qu'**aux Etats-Unis. Dans ton pays, il n'existe pas **autant de partis que** dans l'Hexagone.

Joanna — En France, combien de temps la campagne électorale dure-t-elle ?

Sophie — Certainement **moins longtemps que** celle aux Etats-Unis. Une campagne électorale courte te semble-t-elle **mieux qu'**une longue ? Une courte te paraît-elle **le mieux** ?

Joanna — Je ne peux pas répondre en quelques minutes.

Sophie — Quant à son prix, sais-tu qu'aux Etats-Unis, elle coûte **plus d'argent qu'**en France ? Les Américains se souviendront-ils de la campagne de 2016 comme **la plus coûteuse de** toutes ?

Joanna — Sans doute. Et au sujet de l'élection en elle-même ?

Sophie — Je dois te dire que je ne comprends pas la façon dont un candidat devient président aux Etats-Unis. En France, le premier tour des présidentielles est **aussi important que** les primaires américaines.

Joanna	- Pour combien d'années le président est-il élu ?
Sophie	- Au tournant du siècle, après un référendum, le mandat est passé de sept à cinq ans. Toutefois, en France, cette durée est **plus longue que** celle du mandat américain. Le quinquennat présidentiel est **aussi long que** le mandat des députés européens, mais **moins long que** celui des conseillers départementaux.
Joanna	- Vous, vous n'hésitez pas à modifier la Constitution !
Sophie	- Aux élections présidentielles, le taux de participation des Français en 2012 a été **plus élevé que** celui des Américains en 2016.

Joanna	- Je l'ignorais.
Sophie	- Le système américain est-il **meilleur que** le système français ? Lequel considères-tu **le plus mauvais des** deux/**le pire des** deux ?
Joanna	- Il faudrait examiner plusieurs facteurs avant de se prononcer. Je n'en ai pas **la moindre** idée.
Sophie	- Réfléchissons-y avant notre prochain appel à moins que tu n'aies d'autres questions.
Joanna	- Non, pas pour le moment, mais peut-être plus tard.
Sophie	- Entendu. A bientôt.
Joanna	- Bye !

ELECTIONS PRESIDENTIELLES FRANÇAISES

Joanna et Sophie aiment bavarder au sujet des élections. Une fois, Joanna a commencé à poser des questions à Sophie sur les présidentielles françaises. Aujourd'hui, elle en a d'autres et elle appelle son amie.

Joanna — En 2017, année **des** élections présidentielles, **les** citoyens français éliront **un** nouveau président de la République. Comment **devient**-on **chef** d'Etat en France ?

Sophie — Il faut **être français** et recueillir **des** signatures d'élus, en fait, cinq cents. Dans l'Hexagone, il existe **plusieurs partis** et beaucoup **de** représentants. Par conséquent, il s'avère rare **qu'un** candidat ait **la** majorité absolue **au** premier tour et donc, **les** votants retournent **aux** urnes pour choisir entre **les** deux aspirants ayant remporté le plus de voix.

Joanna — Comment le président forme-t-il son gouvernement ?

Sophie — Après avoir été élu, **le** résident de l'Elysée nomme **le** Premier ministre, issu de **la** Majorité à l'Assemblée nationale. Pour en déterminer **le** parti le plus puissant, **les** citoyens votent **aux** élections législatives.

Joanna — A moins d'un an **du** vote, qui brigue le poste présidentiel ?

Sophie — Voilà **une** bonne question ! Le 14 juillet, lors d'une interview retransmise à la télévision, Monsieur François Hollande a laissé entendre qu'il envisageait de se représenter et prendrait **une** décision en décembre 2016 (sa candidature aurait lieu seulement s'il avait l'assurance d'en sortir victorieux). D'après des électeurs, le chef de l'Etat n'a pas **le** sens des réalités. La plupart **des** Français interrogés n'ont pas l'intention de revoter pour **le** président sortant dont **le** mandat finira dans quelques mois et d'après eux, **le** programme de chaque soupirant sera passé à la loupe.

Joanna — J'ai cru comprendre qu'entre le Premier ministre et un politicien, le torchon brûlait.

Sophie — Dans le parti socialiste s'affrontent **des** frères ennemis, Manuel Valls et Emmanuel Macron. De plus, ce dernier a été réprimandé par le dirigeant du pays parce que **le** diplômé de l'ENA n'avait pas respecté **le** protocole. Lors **d'un** rassemblement en été, Emmanuel Macron, ayant sans aucun doute **de** l'ambition, avait tenu selon François Hollande, **des** propos de futur président.

Joanna — Benoit Hamon a exprimé son désir de participer **aux** primaires. Pourrait-il être **le** président qui redresserait la France ?

Sophie — Chaque candidat a **un** rival et le sien s'appelle Arnaud Montebourg.

Joanna — Et que se passe-t-il à droite ?

Sophie — Les seuls qui se soient manifestés jusqu'à présent, se nomment Alain Juppé, maire de Bordeaux et Nicolas Sarkozy, ancien président de la République. Il nous faudra attendre un peu pour connaître **les** noms de ceux qui auront posé leur candidature.

Joanna — Pendant notre séjour en début d'année en Europe, James et moi déjeunions dans un restaurant et un groupe de Français, assis à **une** table près de la nôtre, s'exprimait vivement à propos des élections. Même si nous ne le voulions pas, nous avons tout entendu. **Les** mêmes phrases revenaient sur toutes les lèvres : il faut **du** sang jeune, nous avons besoin **d'un** président à l'écoute de **la** population et surtout pas **d'**énarque ; il est nécessaire de donner **du** boulot à tous, d'offrir **des** moyens à **la** jeunesse pour s'insérer dans **le** monde du travail, de diminuer **les** impôts, d'augmenter **les** salaires, de dégeler **les** retraites, de revoir **la** loi Travail qui a fait couler beaucoup d'encre pendant **des** mois et perdre **de** l'argent à cause **des** grèves répétées.

Sophie — Tu sais, si **les** Américains acclameront bientôt **un** nouveau leader, **les** Français ont encore **du** chemin à faire pour identifier celui qui sera aux commandes **du** pays.

Joanna — Que dire ? Allez **aux** urnes en 2017, accomplissez **le** devoir de citoyen, faites **un** bon choix et avec **de la** chance et **du** bon sens, ayez **un** président qui vous convienne.

Sophie — Merci de tes conseils. Au revoir.

LES BLEUS DE LA FRANCE

Vers la mi-décembre, avant son départ pour Paris, Joanna a téléphoné à Sophie non seulement pour lui souhaiter de bonnes fêtes de fin d'année, mais également pour s'informer en politique.

Joanna — En France, qu'est-ce que les citoyens attendent de leur futur président ?

Sophie — Tout d'abord, nous espérons que le nouveau dirigeant de l'Hexagone aura **bien** compris les problèmes du pays. Pour que le chef de l'Etat ait la cote, il devra répondre **sérieusement** à nos souhaits. Il ne nous parlera pas **longuement** pour ne rien dire et il serait nécessaire qu'il s'exprime **brièvement** une fois par mois à la télévision.

Joanna — Penses-tu qu'il fasse des réformes, notamment en ce qui concerne la loi Travail ?

Sophie — Oui, je pense qu'il en fera **probablement**. Nous savons que le chômage reste, **naturellement**, une priorité à régler. Il s'agit **certainement** d'une situation mondiale.

Joanna — Et au sujet de la sécurité ?

Sophie — Après les tragédies de cette année et de l'an dernier, il s'avèrera **vraiment** très important d'étudier de très près la question. Il y aura **énormément** à faire. Il faudra y travailler **constamment** jusqu'à l'obtention de résultats positifs.

Joanna — Je regarde **régulièrement** le JT de 20 heures. **Récemment**, j'y ai appris/J'y ai appris **récemment** qu'en 2018, les impôts seraient prélevés **directement** sur le salaire.

Sophie — Oui, j'en ai entendu parler. De plus, chaque citoyen devra remplir **évidemment** un formulaire dans le cas d'un changement relatif au fisc.

Joanna — Je me demande qui sera élu. J'espère que les citoyens voteront **intelligemment**.

AVOIR 17 ANS OU L'AGE D'OR EN PATINAGE ARTISTIQUE

Aux Etats-Unis ou sur la scène internationale, le long week-end du 20 janvier 2017 nous **a occupés** de par sa richesse en évènements allant des plus sérieux aux plus légers. Tout d'abord, vendredi 20 janvier, la patrie d'Abraham Lincoln **a assisté** à la relève de la Maison Blanche.

Le lendemain, plusieurs villes, américaines et dans le monde entier, **ont vu** défiler des milliers de citoyens pour les droits des femmes. Tandis que certains **affrontaient** des situations importantes, d'autres **ont décidé** de se retrouver soit à Kansas City dans le Missouri, soit devant leur écran pour découvrir celle et celui qui, chez les femmes et les hommes, accéderaient à la première place à l'issue des épreuves du championnat de patinage artistique. **Avez**-vous **entendu** parler de Karen Chen ou de Nathan Chen, deux Californiens de dix-sept ans ?

Chez les dames, nous **attendions** Ashley Wagner et Gracie Gold sur les deux premières marches du podium et personne ne **se doutait** que Karen Chen jouerait les trouble-fêtes. Ashley Wagner nous **a surpris** agréablement, mais Gracie Gold **n'en a pas fait** autant puisqu'elle **s'est retrouvée** à la sixième place du classement. D'ailleurs, après avoir pris connaissance du résultat de son élève, Frank Carroll, entraîneur de renommée incontestable, **a choqué** le monde de la glace en annonçant qu'il résiliait son contrat avec elle. Quant à Ashley Wagner, elle **est parvenue** en deuxième position, mais elle **a dû** être déçue, elle qui **espérait** partir de Kansas City avec l'or autour du cou. Son programme libre **comptait** plus de points que celui de Karen Chen, mais cette dernière **a**

remporté la victoire grâce à la qualité des éléments requis. Ainsi donc, elle **a pu** gagner quatorze points, récupérant ceux qui lui **manquaient** dans son total de base afin de devancer Ashley Wagner. Par conséquent, Karen Chen **savait** ce qu'il lui faudrait accomplir si elle **voulait** l'emporter sur ses adversaires. Au grand étonnement de plus d'un, cette jeune fille de dix-sept ans avait mieux patiné que les autres concurrentes et la protégée de Kristi Yamaguchi **a obtenu** son premier titre avec 214,22 points (211,78 pour Ashley Wagner).

Chez les hommes, Nathan Chen, un jeune Américain extrêmement talentueux dont nous **avons fait** la connaissance quand il **avait** seulement dix ans, a largement **dépassé** Boitano, Lysacek, Petrenko et Yagudin. En 2010, lors d'une interview avec Andrea Joyce qui lui **a demandé** ce qu'il **souhaitait**, ce bout de chou dans sa tenue rouge et bleu roi lui **a répondu** : « participer aux Jeux Olympiques de 2018 ». Sans l'ombre d'un doute, nous le reverrons à PyeongChang en février 2018. Pourquoi cet adorable petit bonhomme qui **a grandi** depuis, est-il un adversaire redoutable ?

Dès le début de sa prestation, lorsqu'il **a exécuté** à la perfection son premier quadruple saut, Tara Lipinski, médaillée d'or olympique et de nos jours commentatrice, **est restée** sans voix. Après quatre éléments obligatoires, le score de Nathan **s'élevait** à plus de soixante points, score atteint, le plus souvent, à la fin des quatre minutes du programme libre. Suite à quatre quadruples, Tara Lipinski et Johnny Weir, patineur lui aussi commentateur, **se sont demandé** si le jeune homme en tenterait un cinquième qu'il **a effectué** à la stupéfaction de tous. Quand la musique **s'est arrêtée**, le public **s'est levé** et **a applaudi** cette performance exceptionnelle. Et le résultat ? 212,08 points ! Combiné à celui du programme court, Nathan Chen a pulvérisé la barre des trois cents avec 318,47 points, une première dans ce sport, tandis que le médaillé d'argent, Vincent Zhou, **a terminé** les épreuves avec 254,21 points.

En attendant février 2018, retrouvons-nous fin mars à Helsinki, pour couronner roi de la planète patinage (pratiquement une certitude), ce jeune prince de la glace.

Nouvelles d'Helsinki : En Finlande, Nathan Chen **n'a pas été** au rendez-vous avec la gloire. Il **est tombé**, au propre comme au figuré, à la sixième place du classement général. Il vient d'entrer dans la cour des grands et dans le futur, il réussira à devenir un médaillé olympique. Les défaites font également partie d'un parcours victorieux !

LE SUPER BOWL DE 2017

En ce début d'année 2017, l'actualité sportive bat son plein avec l'Open d'Australie, les championnats de patinage artistique et la crème de la crème en football américain, le Super Bowl. Fabrizio qui, comme ses amis d'Outre-Atlantique, adore les matchs de ballon, leur a promis un compte rendu quand l'occasion se présenterait et il tient sa promesse dans un autre courriel.

Salut des « States »,

Le Super Bowl ! Quelle soirée ! **J'ai eu** le bonheur de le voir sur un grand écran chez des amis qui **m'ont invité/avaient invité** pour que je **puisse** assister à cette rencontre entre les Patriots de la Nouvelle-Angleterre et les Falcons d'Atlanta que tout le monde **attendait** avec impatience. L'ambiance électrique qui **régnait** dans le stade **égalait** celle de la pièce où je **me tenais**. A chaque but marqué ou manqué, des cris de bonheur ou de désarroi **étaient** l'écho de ceux dans l'enceinte texane. De plus, dans les gradins ou chez soi, les hot-dogs, le pop-corn ou les sodas et les bières **trouvaient** leur chemin parmi les supporters.

Tout d'abord, **laissez**-moi vous expliquer des règles essentielles ! Je **dois** vous avouer qu'il **m'a fallu** du temps pour les comprendre et je **ne** les **connais pas** toutes. Un match **se joue** en quatre manches de quinze minutes (entre trente et quarante-cinq minutes en temps réel). Tant que le ballon **voyage** sur le terrain, le chronomètre **défile**, mais s'il **s'immobilise**, le compteur **s'arrête**. Après chaque partie, les joueurs **peuvent** souffler quelques minutes, mais à la mi-temps, un spectacle **est offert** au public.

Comment est-ce qu'une équipe **marque** les points qui lui **permettent/permettront** de remporter le trophée ? Pour que le ballon **parvienne** dans la zone de but, donc un « touchdown » valant six points, un footballeur **l'attrape** et **court** vers cette zone en le **serrant** contre lui ou le **lance** à quelqu'un qui s'y **trouve** déjà. Après un « touchdown », grâce à ce but réussi, l'équipe **bénéficie** d'un coup d'envoi afin **d'ajouter** un ou deux points à son total. Pour réussir à avoir un point, il **faut** donner un bon coup de pied dans le ballon afin qu'il **atterrisse** derrière la zone de but et entre les piliers jaunes ; pour le double de points, le « quarter back » l'envoie à un co-équipier qui **s'élance** jusqu'à la zone de but. Vous **comprenez** ? Bon ! Et maintenant, place à l'affrontement du siècle qui **s'est déroulé** le 5 février 2017 à Houston, sous le dôme du stade NRG.

Avant que le match ne **débute**, nous **avons assisté** au rituel du pile ou face déterminant l'équipe qui **entamerait** le premier « quart ». Je pense que les spectateurs **ont dû** être surpris de voir George et Barbara Bush avancer en fauteuil roulant sur le terrain. Jusqu'à la dernière minute, nous **ne savions pas** si Monsieur Bush père **se rendrait** au Super Bowl parce qu'il **avait passé** la semaine précédente à l'hôpital. L'ancien président **a eu** l'honneur de jeter en l'air la pièce ; les Falcons qui **ont remporté** le « toss », **ont décidé** que les Patriots **recevraient** le ballon et là où l'un d'eux **l'attraperait**, le match **commencerait**.

La première manche **s'est déroulée** mollement puisque personne **n'a récolté** de points. Dans la suivante, les Falcons **ont eu** trois « touchdowns », mais les Patriots, seulement un « field goal » (**ne me demandez pas** la signification de ce terme) et le score **donnait** victorieux Atlanta avec vingt et un points contre trois.

A la mi-temps, Lady Gaga, perchée sur le toit de l'arène ayant pour toile de fond plusieurs drones recréant le drapeau rayé et étoilé, **a entonné** l'hymne américain. Puis, la chanteuse pop, vêtue d'un maillot gris argenté assorti à ses bottes, **est descendue** comme une étoile filante **balayant** les cieux. Ensuite, elle **a évolué** sur une scène gigantesque et **a présenté** un show que ses admirateurs **n'oublieront jamais**.

A la troisième manche, chaque équipe **est parvenue** à avoir un « touchdown » d'où le résultat : vingt-huit à neuf. Les Patriots **reviendraient**-ils dans le match ? Si les quinze premières minutes de la rencontre **n'avaient pas été** spectaculaires, les quinze dernières le **seraient**.

A la quatrième manche, les Patriots **ont marqué** un « field goal » et **ont décroché** trois points. Le ballon est passé aux Falcons, mais le « quarter back » **s'est retrouvé** à terre et **l'a laissé** tomber. Les Patriots en **ont profité** pour le reprendre et **ont obtenu** un « touchdown » et six nouveaux points. A ce moment-là, Tom Brady, le « quarter back » qui avait été récompensé quatre fois dans le passé en recevant le trophée MVP, **a annoncé** que son team **jouerait** pour deux points. Après les **avoir gagnés**, le score de vingt à vingt-huit a redonné espoir aux fans des Patriots. A un peu moins de quatre minutes de la fin, l'équipe d'Atlanta **ne se trouvait pas** suffisamment proche de la zone de but et il lui **a fallu** céder le ballon à ses adversaires. Il était important que ces derniers **puissent** s'offrir un « touchdown » s'ils espéraient diminuer l'écart entre eux et les Falcons. Et l'incroyable **s'est produit** ! Les Patriots **ont fait** avancer le ballon jusqu'à la zone de but et **ont récupéré** six points. Que **lisait**-on au tableau d'affichage ? Vingt-six à vingt-huit. Que **se passait**-il dans les gradins ? Je vous laisse imaginer. **Ayant** moins de soixante secondes de jeu et trois points pour s'assurer la victoire, les Patriots **savaient** qu'il faudrait un tour de force. Ils **ont tenté** le tout pour le tout et **ont choisi** de jouer pour deux points. Et qui est arrivé à la rescousse ? La star, Tom Brady, **s'est emparée** du ballon, **l'a envoyé** à un co-équipier qui **patientait** dans la zone de but et voilà deux nouveaux points menant à égalité : vingt-huit à vingt-huit. Dans cette situation, les prolongations, une première dans l'histoire du Super Bowl, **ont eu** lieu. L'arbitre **a demandé** un autre « toss » afin de **déterminer** l'équipe qui **lancerait** le ballon. Les Patriots de la Nouvelle-Angleterre **l'ont gagné** et **ont décidé** de faire atterrir la grosse balle dans la zone de but pour **réussir** à l'arraché un « touchdown ». En moins de quatre minutes, les Patriots **ont remporté** le Super Bowl avec trente et un points.

Dans le stade ou à la maison de mes amis, un délire ! Ceux qui **voulaient** que les Patriots triomphent **criaient** leur bonheur. Mais vous ne devinerez jamais ce qui est arrivé à Tom Brady ! Un super fan lui **a pris** son jersey avec lequel il **avait joué** ce match qui restera dans les Annales. Les médias n'en ont plus parlé par la suite, mais j'espère qu'il a récupéré son maillot.

J'ai vécu un moment historique inoubliable. Maintenant, je vous laisse. A plus !

    2017 continue son essor avec ses nouvelles à la fois nationales et mondiales, et ses surprises. Février a laissé son empreinte comme janvier, mais avec des faits d'une autre nature, un climat printanier et surtout, l'annonce de la découverte de sept nouvelles planètes à quarante années-lumière de la Terre.

    La conquête de l'espace fascine les grands comme les petits et la NASA serait aux adultes ce que Disneyworld représente pour les enfants de tout âge. A votre avis, **devons/devrons/devrions**-nous envoyer des astronautes pour explorer ces planètes ? Si nous apprenons qu'elles abritent des humains, **devrons**-nous expédier une équipe qui **puisse** nous en donner la certitude ? Selon vous, Copernic **aurait**-il **pu** être au courant de l'existence de toutes celles qui ont été identifiées ? Si oui, **aurait**-il **dû** le mentionner dans ses écrits ? **Savait**-il qu'avec le temps, le système solaire nous intéresserait énormément ? Nous **voudrions** avoir des réponses à ces questions, mais le **pourrions/pourrons**-nous ?

    Au début du vingtième siècle, qui **aurait pu** imaginer que nous mettrions le pied sur la Lune ? Si Neil Armstrong se trouvait parmi nous, **voudrait**-il faire des fouilles sur l'une de ces sept planètes rocheuses, toutes similaires à la Terre ? En 1969, **aurait**-il **pu** imaginer qu'il deviendrait le pionnier de l'aventure lunaire ? Tous ceux qui **voudraient** embarquer à bord d'une fusée **doivent/devront/devraient** être des amoureux de l'inconnu, des sensations fortes. Au siècle dernier, nous **voulions/**

avons voulu savoir ce qui **pourrait** arriver à des organismes vivants non humains et nous avons fait partir des végétaux et des animaux dans l'espace. Quand les résultats ont été satisfaisants, les physiciens **ont dû** laisser éclater leur joie, mais dans le cas contraire, ils **ont dû/devaient** être profondément déçus.

A l'orée du vingt-et-unième siècle, seulement trois de ces sept planètes révèlent des nappes d'eau, donc de vie, mais le **savons**-nous avec précision ? C'est la raison pour laquelle les astrophysiciens à la NASA **doivent/devront/devraient** faire plus de recherches. Cependant, **pourront**-ils en avoir l'assurance avant d'y dépêcher un groupe ? Si nous **pouvions** en avoir le cœur net dans quelques années, voudriez-vous vous porter volontaire ? Grâce à l'un d'entre vous, **saurons**-nous s'il existe des humains sur ces « terres » lointaines qui font rêver une partie de notre population ? En mars de cette année, nous avons appris qu'en 2018, deux voyages touristiques à destination de la Lune seraient organisés. **Voudriez**-vous en faire partie ? Réaliserez-vous le rêve d'un membre de votre famille qui **a** toujours **voulu** y aller, mais qui **n'a jamais pu** le concrétiser ?

D'après vous, **saurions**-nous ce que nous savons si nous ne nous intéressions pas autant à l'aérospatial ? Si Neil Armstrong n'avait pas marché sur la Lune, **aurions**-nous **su** tout ce que nous avons appris depuis ? Pour les années à venir, nous **savons** que d'autres découvertes seront faites et comme de tout temps, on **voudra** être en mesure d'affirmer la possibilité d'une présence humaine. Dans cette attente, ces sept nouvelles planètes vont, peut-être, « apporter de l'eau à notre moulin ».

LES LARMES CELESTES

Que d'eau ! Que d'eau ! Sophie n'a pas oublié le jour où l'une de ses amies lui a lu un poème dans lequel elle exprimait ce que la pluie signifiait pour elle.

« Au printemps, le soleil **brille**.

En été, le soleil **luit**.

En hiver, le ciel **se couvre**.

En automne et toutes saisons, le soleil **pleure**.

Quand la pluie **tombe**, vous nous **faites** signe.

Quand les nuages **bruinent**, vous **dites** coucou.

Quand le tonnerre **gronde**, vous nous **réconfortez**.

Quand les éclairs **déchirent** le ciel, vous **envoyez** des musu.

Quand il **pleut**, ça veut dire, sois heureux.

Quand il **pleut**, ça veut dire, nous **sommes** avec toi.

Quand il **pleut**, ça veut dire, tu **dois** marcher droit.

Quand il **pleut**, ça veut dire, nous t'**aimons**, toi.

Grâce à vous, nous **savons** que la pluie

Nous **réunit**, vous nous l'avez dit.

Nous vous **honorons**

Et à être nous, nous **continuons**

Grâce à la pluie.

Et le soleil **revient**

Et nous **nous sentons** bien. »

TANT A TE RACONTER !

Sophie se rappelle quand cette amie, après **s'être exprimée** sur la pluie, **a regardé** le ciel et **a murmuré** :

« Tant de nouvelles ! Je ne **pourrai** pas te les **dire**

Et tu ne **pourras** jamais les lire.

Tu **es parti(e)**, tu **ne t'es pas enfui(e)**. Ainsi va la vie !

Je **puise** au fond de mes souvenirs.

J'**entends** ton rire,

Je **revois** tes sourires.

J'**aurais aimé** t'apprendre qu'au pays des brebis,

La baleine **est partie**, la baleine **t'a suivi(e)**,

Elle **ne s'est pas enfuie**.

Lucette Lestrade - La Baleine

Tu **as emporté** une part de ton endroit favori, maintenant à jamais enfoui.

C'est un peu comme si Madame La Vie **prenait** un nouveau virage

Et **souhaitait** tourner une page,

Mais où que **j'aille**, tout me **rappelle** notre voyage.

De nouvelles pannes, de nouveaux quais, dans mon cœur, je te **retrouverai**.

Dans mon cœur, je te **garderai**, tu **ne m'auras jamais laissée**.

Notre dernier jour, tu **m'as dit** : " **profite** de la vie "

Et tu **es parti(e)**, tu **ne t'es pas enfui(e)**. Ainsi va la vie ! »

« L'EMISSION POLITIQUE » : INVITE, FRANÇOIS FILLON

Sophie regarde rarement la télévision, mais le 23 mars, elle l'a allumée afin de savoir si on **passerait** à l'heure d'été le 26. Avec horreur, elle **a appris** au JT de 20 heures ce qui était arrivé à Londres et elle **est restée** figée devant les images qui **défilaient**. A 21h00, le programme de la soirée

allait commencer et il **s'agissait** de L'Emission politique où le journaliste David Pujadas **accueillait** en direct Fillon, un des candidats aux présidentielles. Le lendemain, Sophie **a téléphoné** à ses amis de Boston pour leur faire part de ce qu'elle **avait entendu** et elle leur **a communiqué** ceci :

« L'Emission politique **s'est déroulée** en cinq actes comme une pièce de théâtre classique.

Dans l'acte I ou prologue, suite à la question que le reporter **a posé** à François Fillon sur l'importance de l'argent dans sa vie, le député de Paris **a exprimé** le sentiment d'injustice qu'il **ressentait** depuis plusieurs semaines à cause de propos visant à l'éliminer de la course au poste de président. Tout d'abord, il **a nié** avec force que sa femme **avait eu** un emploi fictif. Puis, il a dénoncé le fait que des parlementaires **cumulaient** une activité politique et une activité professionnelle. Le présentateur **s'est permis** alors d'ajouter, que celui dont le slogan était

" une volonté pour la France ", **avait créé** une société de conseillers et qu'il **avait mis** en contact l'un de ses clients avec un chef d'Etat pour la coquette somme de cinquante millions d'euros. Après, l'invité de la soirée a reconnu qu'il **avait fait** une erreur de jugement **en acceptant** des costumes très coûteux d'un avocat qui **devait** s'attendre à des faveurs. Pour conclure, il **a avoué** souffrir des attaques contre lui et a souvent pensé à Bérégovoy (Premier ministre en 1992 qui **s'est tué** parce qu'il **avait** une dette de taille à rembourser à l'un de ses " amis ").

Dans l'acte II, " l'invitée mystère ", Christine Angot, écrivaine, **a attaqué** sans merci l'ancien ministre de l'Education qui **a su** parer à toutes ces critiques, notamment celle sur l'affaire des costumes. La littéraire les **a comparés** au bracelet qu'elle **portait**. Elle **l'a accusé** d'être malhonnête, ce à quoi il a rétorqué du tac au tac : " moi, **j'ai rendu** les costumes, mais vous, vous **avez gardé** le bracelet. " A cela, Christine Angot **a balancé** : " et le pompon de toute cette histoire, vous nous **avez fait** au début de l'émission, le coup de Bérégovoy ; " et elle **a quitté** le plateau à la surprise de l'animateur. Avant même que vous ne me le **demandiez**, **laissez**-moi clarifier cette histoire de bijou. Madame Angot **a reçu** un bracelet de l'une de ses amies qui **désirait** en échange un article élogieux sur l'un de ses livres.

Pour l'acte III, David Pujadas nous **a proposé** une vidéo dans laquelle ce représentant de la droite **était allé** dans une maison médicalisée où il **a rendu visite** au personnel qui **a manifesté** son mécontentement concernant l'augmentation de la TVA ainsi que celle du temps de travail et les réformes de la sécurité sociale qu'il **envisageait**. Après la projection, Aurélie Filipetti, ministre de la Culture, **a fait** son entrée. Fillon, en lui répondant, en **a profité** pour annoncer qu'un des deux journalistes du Canard Enchaîné qui **avait écrit** un livre **traitant** du Ministère de l'Intérieur, **affirmait** qu'il **existait** un " cabinet noir " au palais de l'Elysée. Dans la foulée, il **a réclamé** qu'une enquête **soit** ouverte parce que François Hollande **voulait** affaiblir les adversaires du PS.

Dans l'avant-dernier acte, David Pujadas **a donné** l'occasion à son interlocuteur de **s'adresser** au public en lui **présentant** un professeur d'histoire-géographie, une chômeuse et un maire du FN. Dans leurs échanges, le candidat **a demandé** à ceux qui **élaborent** les programmes d'histoire, de la **représenter** dans sa totalité tout en **encourageant** les jeunes à être fiers de leur patrie. Dans sa réponse à la mère de famille sans emploi, il lui **a dit** comprendre ses difficultés au quotidien et qu'il **faudrait** trouver une solution. Quant au maire de Hénin-Beaumont, l'ancien chef du Gouvernement **s'est contenté** de l'écouter : " après **avoir eu** une longue carrière politique et **avoir**

servi en tant que Premier ministre et ministre de l'Education, vous **n'avez jamais tenu** vos promesses et donc, on ne **peut** plus vous croire. "

Dans l'acte V, la dernière femme à s'asseoir en face du prétendant à l'Elysée, une personne de la scène, **a résumé** l'affaire Fillon d'une manière assez comique et **a fini** sa tirade en lui **lançant** : " votre spectacle est réussi à merveille, vous méritez des applaudissements. " Puis, elle **a tiré** sa révérence et le rideau **s'est fermé**. Le commentateur du JT **a annoncé** qu'ils allaient découvrir si les Français **accordaient** leur confiance à cette personnalité politique.

Résultats : 28% des citoyens et 66% des politiciens de son parti la **soutiennent**. A moins d'un mois des élections, un pourcentage important de la population ne **sait** toujours pas pour qui elle **votera**.

François Fillon **a fait** savoir qu'il **se battrait** jusqu'au bout et qu'il **se rendrait** aujourd'hui à Biarritz et à Espelette. »

Joanna	- Comment est-ce que ces rencontres **se sont passées** ?
Sophie	- A Biarritz, si les Biarrots **l'ont accueilli** chaleureusement, les agriculteurs d'Espelette **l'ont reçu** avec des œufs.
Joanna	- Voici la seule chose que je **puisse** dire : vous **aurez** bientôt un nouveau président.
Sophie	- C'est bien vrai ! Bon ! Je dois raccrocher maintenant. A plus tard. Bye.
Joanna	- A plus !

OU PASSER LES VACANCES ?

Même si après les élections présidentielles suivront les élections législatives, le mois de mai laisse planer un goût d'été avec plusieurs ponts en perspective. A l'approche des grandes vacances, Sophie et Léonard parlent de leurs projets.

Sophie — Où vas-tu partir en congé (tout en pointant sur une carte du monde) ? Dans **ce** pays-là en Europe ou dans **celui**-ci en Amérique du Sud ?

Léonard — **Ces** pays me tentent, mais je préférerais aller dans **cette** ville en Australie. C'est **celle** où je rêve de me rendre depuis les J.O. à Sydney.

Sophie — Lorsque j'ai assisté à **ceux** qui se sont déroulés à Turin, j'ai adoré l'endroit. Voilà la raison pour laquelle j'ai tenu à retourner en Italie il y a quelques années. Tu connais **cet** Italien, Fabrizio, qui étudie aux « States » ? D'après lui, si l'on veut bien manger, l'Italie remporte la palme. Tu apprécies la bonne nourriture, donc, la terre de Richard Cocciante...

Léonard — Jusqu'à présent, j'ai découvert des pays européens et maintenant, **ceux** où j'aimerais séjourner se situent ailleurs.

Sophie — Si **cette** ville te fait rêvasser, si **celle** que tu désires explorer se trouve en Australie, mets le cap sur l'Australie.

Léonard — Pour **ces** prochaines vacances, vas-tu repartir dans **cette** contrée fameuse pour ses tiramisu, cannoli et bien d'autres spécialités ?

Sophie — Je ne sais pas, je n'ai pas encore décidé.

Léonard — As-tu déjà visité l'Australie ? Souhaiterais-tu te rendre sur **ce** continent ?

Sophie — Peut-être !

OU LEONARD PARTIRA-T-IL EN VACANCES ?

Plus tard dans la semaine, Léonard se balade en ville et il en profite pour entrer dans une agence de voyages. L'agent de voyages **qu'**il ne connaissait pas, mais **dont** il avait entendu parler, l'a bien renseigné.

Léonard a l'intention de se rendre en Australie en août et il a choisi Sydney, ville **où** il aimerait séjourner pendant un mois. D'après lui, la seule nécessité **dont** il ait besoin consisterait en un sac à dos dans **lequel** il mettrait quelques affaires. Bien sûr, il n'oubliera pas sa caméra sans **laquelle** il ne prendrait pas de films.

Le représentant de l'agence lui a rappelé **ce qu'**il lui faudrait emporter pour ne pas avoir de problème à la douane **où** il devra présenter son passeport et un visa. Puis, l'agent lui a demandé s'il savait **ce qu'**il ferait à Sydney, mais avant que Léonard ne lui réponde, il lui a proposé des visites guidées. Ensuite, Léonard lui a fait part de ses week-ends à Biarritz **où** il avait l'habitude de descendre dans un hôtel à côté **duquel** se trouvait une école de surf ; c'est ainsi que l'été dernier, il y avait rencontré des surfeurs australiens à **qui/auxquels** il a parlé et **qui** lui ont dit que les vagues à Biarritz n'égalaient pas celles d'Australie. (Léonard aurait voulu les revoir pour leur faire savoir que Biarritz, ville **qui** a accueilli les Mondiaux de Surf la semaine du 21 mai 2017 et **où** la France a remporté trois compétitions en équipe sur quatre pour la première fois, pourrait être l'endroit **où** se dérouleraient les épreuves de surf si Paris accueillait les J.O. en 2024.)

Léonard s'est informé au sujet de l'accueil australien et le jeune homme de l'agence l'a rassuré : les étrangers **qui** se sentent dépaysés à leur arrivée, s'adaptent rapidement parce que les citoyens **dont** la réputation a fait le tour du monde, reçoivent très bien les touristes. Tous ceux **qui** ont visité ce continent et avec **qui** l'occasion de discuter s'est présentée à leur retour, ont mentionné leur gentillesse. **Ce qui** compte pour Léonard est de se mettre au diapason assez vite.

A la fin de l'entretien, Léonard a soupiré en disant qu'il n'avait pas encore décidé. Secrètement, il aimerait que son amie Sophie aille avec lui en Australie.

De chaque côté de l'Atlantique, l'été commence à pointer à l'horizon. Avec beaucoup **de** regrets, Fabrizio voit son séjour estudiantin prendre fin. Avant de quitter le continent américain, il assistera à **la** remise des diplômes de ses amis qui plus tard dans le mois, soit voyageront pendant plusieurs semaines, soit entreront dans la vie active parce qu'ils auront obtenu un job ; de plus, il se rendra à **la** cérémonie d'initiation de la Société d'Honneur Française Pi Delta Phi car certains d'entre eux seront nommés « membres réguliers ». Après toutes **les** célébrations, Fabrizio s'envolera pour **la** France où il participera à la Fête de la Musique **le** 21 juin, date **du** premier jour de l'été.

Après avoir été témoin du rituel d'initiation, Fabrizio a envoyé à ses amis **un** courriel dans lequel il leur a appris l'existence **d'une** « société » dont **les** membres, **des** étudiants, s'étaient spécialisés en français ou avaient déclaré **le** français comme leur matière secondaire. Puis, il leur a décrit succinctement le déroulement de l'entrée dans cette « société ».

« Quand je suis arrivé dans **la** salle où se déroulerait **la** remise des certificats, quelques diplômés et même **des** parents d'étudiants étaient installés. De l'entrée, j'avais **une** bonne vue d'ensemble : d'abord, **le** drapeau français assez imposant et **la** bannière de Pi Delta Phi ont attiré mon attention. Ensuite, j'ai remarqué **une** table sur laquelle se trouvaient **de** larges enveloppes, **des** cordes aux couleurs **du** tricolore et **un** beau cahier ouvert.

A seize heures, tous **les** futurs membres attendaient **la** présidente du Chapitre dans cette belle pièce où il régnait **un** silence solennel. J'étais heureux parce que **la** prof qui présidait s'est exprimée en français. Elle a souhaité **la** bienvenue aux " néophytes ", leur a mentionné leurs " devoirs " et a passé la parole à **la** directrice du Département de français et d'Etudes francophones qui a expliqué **le** but et l'origine de Pi Delta Phi. J'ai eu **le** plaisir d'entendre " La langue de chez nous " par Yves Duteil et nous avons eu droit à **une** autre de ses chansons, " Prendre un enfant par la main ". Quand **la** présidente a repris la parole, elle nous a rappelé que **le** coq et **la** fleur de lys étaient **les** symboles traditionnels français et elle a ajouté que l'oiseau de **la** bannière symbolisait la responsabilité de chacun pour propager la langue française. Suite **au** discours sur **la** couleur **des** bougies, elle a demandé **aux** étudiants de se lever et de répéter **une** phrase, **une** sorte de serment. Finalement, un par un, **les** jeunes gens se sont approchés de **la** table pour recevoir leur certificat, **un** insigne et **des** cordes que la maîtresse de cérémonie leur a mises autour **du** cou. Après **une** poignée de main et **des** félicitations, ils ont signé **le** registre du Chapitre.

Une fois l'initiation terminée, **les** nouveaux représentants de ΠΔΦ ont discuté avec leurs professeurs et ont pris **des** photos. Certains d'entre eux ont reçu **des** bouquets de fleurs offerts par leurs amis ou leurs proches. Enfin, tout le monde s'est dirigé à l'extérieur où les attendaient **des** gâteaux, **du** chocolat, **des** bouteilles **de** cidre et **du** café. Il y a eu **d'**autres discussions et petit à petit, l'endroit s'est vidé.

J'ai apprécié **la** célébration, ni trop longue ni trop courte, et encore une fois, **une** bonne occasion de fêter quatre années universitaires. »

LA FETE DE LA MUSIQUE OU L'ARRIVEE DE L'ETE

Le 21 juin rime avec festivité.

Célébrez **le** premier jour de l'été !

Avancez sur **un** rythme folklorique

Ou sur **d'**autres musiques.

Composez si vous le voulez,

Jouez si vous le pouvez,

Chantez ce que vous aimez.

En 1982, il y a **des** décades, il y a **des** années,

Le ministre de la Culture, Jack Lang, a eu **une** très bonne idée,

Celle de rassembler dans **l'**Hexagone, pour **un** instant,

Tous **les** enfants, **les** petits et **les** grands.

Pour certains, ranimer leur flamme musicale,

Pour plusieurs, leur faire découvrir **un** spectacle sans égal.

Alors, **des** artistes, **des** musiciens, le monde entier sur la scène internationale.

Voilà **un** événement phénoménal !

Selon l'endroit, on en profitera

Pour déguster **des** spécialités régionales,

Des gourmandises locales,

Et on boira **du** cidre, **de la** sangria

Ou **de** bonnes boissons rafraîchissantes,

Mais en ce jour, pas **d'**eau pétillante.

Quand arrivera **la** nuit, à Paris et dans tout le pays,

Aux pieds de la Dame de Fer ou dans **des** lieux en plein air,

Par une vedette renommée sera offert à la foule un concert.

Dans **l'**arène musicale, il règnera

Une atmosphère électrique indéniable,

Et plus tard, dans **un** ciel étoilé, retentira

Un feu d'artifice qui clôturera **une** belle journée estivale.

PREPARATIONS ESTIVALES

Après avoir assisté à la Fête de la Musique, Sophie se met à réfléchir aux prochaines grandes vacances : « je me demande où je **vais passer** le mois d'août. Je **dois lire** des brochures touristiques.

Je songe à découvrir le continent africain, mais j'hésite à y séjourner ; l'an dernier, un virus sévissait **en** Afrique. Est-ce un problème du passé ? Pour m'aider à choisir un lieu, un ami **des** Pays-Bas m'a recommandé **de** me rendre à Amsterdam. Une possibilité !

Je pense à visiter l'Italie ou **le** Portugal ou même **les** Etats-Unis. Je **souhaite me déplacer à** pied ou **à** vélo. Je **pourrais me promener** à Venise. J'ai appris à parler italien et je réussirai à communiquer.

Si je fais un circuit, direction l'Amérique. J'**aimerais commencer par** un séjour **en** Californie, à San Francisco. Puis, **après** être allée à la maison du chocolat Ghiradelli (il est impensable **de** ne pas y faire un tour), je continuerai à sillonner cet état **en** prenant la direction de Sausalito. Je ne viens ni **des** Etats-Unis ni **du** Canada, mais **de** France, donc, il serait bien d'explorer un nouveau continent.

Les vacances étant **dans** plusieurs semaines, est-ce que j'arriverai à décider **de** mon cap pour le mois d'août **en** très peu de temps (dans le pire des cas, je resterai **chez** moi) ? En congé **pendant** un mois, je **compte m'arrêter de** grignoter : au bureau, impossible de me passer **de** friandises. Il vaudrait mieux boire un verre **de** lait ou une tasse **de** café (j'ai toujours dans l'un de mes tiroirs une cuillère **à** café). **Dès** demain, je commencerai à ne plus manger entre les repas ; ma sœur m'encourage **à** le faire et je lui suis reconnaissante **de** me pousser à être moins gourmande.

Pendant mon congé annuel, j'**adorerais être** sur un bateau à voiles, par conséquent, je vais essayer **de** choisir un lieu près de la mer. Si je **veux faire** de la voile dans un nouvel environnement, peut-être que je **devrais partir** en Australie et je passerais mes vacances avec Léonard ! »

AU REVOIR !

Cher passager, chère **passagère**,

Cher vacancier, chère **vacancière**,

Cher estivant, chère **estivante**,

Cher touriste, chère **touriste**,

Notre **longue** promenade en mer s'achève.

Quelle croisière de rêve !

Nous avons souvent navigué sur une eau **calme**,

Nous avons parfois sillonné un océan **agité**,

Nous avons de temps en temps vogué sur une mer **mouvementée**.

Avez-vous apprécié les **belles** lames ?

Avez-vous été secoués par une mer **houleuse** ?

A terre, avez-vous visité des villes **accueillantes**

Habitées par de **bonnes** âmes ?

A terre, avez-vous exploré des sites **renommés** ?

Chers lecteurs, chères **lectrices**,

Chers collégiens, chères **collégiennes**,

Chers lycéens, chères **lycéennes**,

Chers étudiants, chères **étudiantes**,

Notre traversée **culturelle** arrive à son port final.

Qu'avez-vous retenu de vos escales **grammaticales** ?

Plus tard, nos **grandes** voiles se croiseront-elles ?

Vous partirez pour de **nouveaux** caps,

Vous partirez pour de **nouvelles** terres.

Le capitaine et son équipage se souviendront de votre passage.

Ils vous ont fait un accueil **chaleureux**,

Ils vous font, maintenant, un **bel** adieu.

ESCALES GRAMMATICALES

Quels seront vos souvenirs **mémorables** ?

Tout d'abord, une règle peu **banale**, l'accord des mots, en général.

Les articles s'accordent avec les formes **nominales**,

Les adjectifs **qualificatifs** avec des groupes **nominaux**.

Les sujets avec les verbes **conjugués**, quoi de plus normal ?

Mais les adverbes restent **invariables**.

Délaissez la voix **passive** pour la voix **active**.

Connaissez bien vos modes : impératif, indicatif, conditionnel, subjonctif,

Et vos temps, **simples** et **composés** :

Présent, futur, imparfait ; passé composé, futur antérieur et plus-que-parfait.

N'oubliez pas les accords ou les désaccords des participes **passés**.

Pour montrer, choisissez les adjectifs et les pronoms **démonstratifs**.

Pour garder, place aux adjectifs et pronoms **possessifs**,

Mais quand il s'agit des parties du corps, « mon, ma, mes, … » sont ignorés.

Préférons-leur les articles **définis** et un verbe **pronominal**

Ou des pronoms d'objet indirect et un verbe non-pronominal.

Pour citer, ces articles « le, la, les » ne changent jamais, ils n'ont rien de spécial

Et ils accompagnent toujours « aimer, détester, adorer, préférer ».

Les articles indéfinis « un, une, des » et partitifs « du, de la, des », eux, muent dans la négativité.

Posez des questions en utilisant différentes formes **interrogatives**.

Choisissez des adjectifs ou pronoms **interrogatifs**.

De temps en temps, exprimez-vous à la forme **négative**.

Pour éviter les répétitions, jonglez avec des pronoms **variés** :

En premier, les personnels sujets

Puis, ceux d'objet direct ou indirect, sans ou avec la préposition « à ».

Ensuite, les adverbiaux, « en » et « y », remplaçant « de » ou « à » + …

Ou encore les accentués et enfin, avec leurs antécédents, les relatifs.

« Si » vous « composez » des structures complexes, vous « enchanterez » ceux qui vous écoutent

Parce que vous aurez employé des conjonctions introduisant des propositions **subordonnées**.

« Quand » vous « parlerez », vous « saurez » le temps du verbe dans la proposition **principale**.

« Que » vous « disiez » … Quel est ce mode qui ne se démode jamais ? Mais voyons, le subjonctif !

Cependant, ne confondez pas ce « que » avec celui des pronoms relatifs.

« En » et le participe présent, « en annonçant » le comment d'une action, s'appelle le gérondif.

« Après avoir fait » le tour de multiples possibilités pour communiquer,

Vous savez, maintenant, que vous les maîtrisez.

Plus à l'aise, grâce à vos escapades **portuaires**,

Pour vous, n'a plus de secret la langue de Molière

Et vous en êtes fier.

L'ATLANTIQUE

Atlantique, Pacifique, dans le passé, nous **nous sommes rencontrés**

Et depuis, vous nous **connaissez**.

Atlantique, même si tu nous **as éloignés** durant toutes ces années,

Tu nous **as laissés** nous **rapprocher**.

Atlantique, que de fois tu nous **as bercés**,

Que de fois tu **as écouté** nos souhaits et nos secrets.

Nous, nous **t'avons caressé**

Quand nous **voguions** sur nos voiliers.

A chaque fois que le ciel **se met** à **gronder**,

Tu lui **réponds** en te **rebellant** avec tes marées.

Toutefois, tu **permets** à ceux qui **veulent** t'apprivoiser

De **glisser**, d'être **abrités** quand tu es déchaîné.

Atlantique, il faut que tu **saches**

Quoique tu **fasses**

Dans nos cœurs basques, tu **auras** toujours ta place.

JOURNAL DE BORD

ADJECTIFS QUALIFICATIFS et ADVERBES. COMPARATIFS et SUPERLATIFS

ADJECTIFS QUALIFICATIFS

ACCORD

Au revoir !	155
Escales grammaticales	156

ACCORD et POSITION

Elections présidentielles aux Etats-Unis	118
La natation aux Jeux Olympiques de Rio	90
Préparons nos vacances !	10
Quel est le nom de ce chef d'Etat ?	26
Quel est le nom de ce participant olympique ?	28
Quel est le nom de ce père célèbre ?	28
Quel est le nom de cette chanteuse internationale ?	27
Quel est le nom de cette mère célèbre ?	27
Qui se cache derrière cette moustache ?	29

ADVERBES

Histoire d'une entreprise	53
Les bleus de la France	129
Préparons nos vacances !	10

COMPARATIFS : adjectifs qualificatifs, adverbes et noms

Vivre ou ne pas vivre en ville	104

COMPARATIFS et SUPERLATIFS : adjectifs qualificatifs, adverbes et noms

Comparons les élections en France et aux Etats-Unis	124
La natation aux Jeux Olympiques de Rio	90
Préparons nos vacances !	10

ARTICLES et NOMS

ARTICLES

DEFINIS et INDEFINIS

Les familles	1

DEFINIS, INDEFINIS et PARTITIFS

La fête de la musique ou l'arrivée de l'été	150
L'aventure nutellienne	110
Voyage dans le passé	18

DEFINIS, INDEFINIS, PARTITIFS et PREPOSITION « de »

Elections présidentielles françaises	126
Pi Delta Phi	148
Quand on vole de ses propres ailes	61
Un boulot pour l'été	52

DEFINIS et PREPOSITIONS avec NOMS GEOGRAPHIQUES et MOYENS de TRANSPORT

Différents moyens de nous déplacer	73
Préparations estivales	153

INDEFINIS, PARTITIFS et PREPOSITION « de »

Petit-déjeuner	7

NOMS

Au revoir !	155
Testons nos connaissances	24
Voyage dans le passé	18

DEMONSTRATIFS et POSSESSIFS : ADJECTIFS et PRONOMS

DEMONSTRATIFS

Aperçu de la mythologie basque en peinture	....	58
Conversation au sujet d'un des candidats	....	121
Les soldes	....	82
Où passer les vacances ?	....	145

POSSESSIFS

Où mes affaires sont-elles ?	....	6
Quelles coïncidences !	....	72
Quelles sont leurs distractions ?	....	114

DEMONSTRATIFS et POSSESSIFS

Comment nous déplaçons-nous ?	....	74
Faire ses valises pour un voyage en croisière	....	11

INTERROGATION

Au lycée	....	21
Etre moniteur dans une école de surf	....	54
Léonard en quelques lignes	....	86
Les jeunes et l'éducation	....	38
Les loisirs de Sophie	....	97
Les vacances de rêve de Léonard	....	96

NEGATION

Courriel de Sophie à Fabrizio	....	48
Mais enfin, que fait Sophie ?	....	22

PREPOSITIONS

Musso ou la littérature des vies en parallèle	....	116
Préparations estivales	....	153
Une exposition au Grand Palais	....	75

PRONOMS

ADVERBIAUX, DISJOINTS, D'OBJET DIRECT et INDIRECT

A la recherche d'un appartement	....	62
Les J.O. de Rio devant l'écran	....	91
Locataires ou propriétaires ? A vous !	....	64
Savoir gérer son argent	....	68
Vous et la banque	....	70

ADVERBIAUX, D'OBJET DIRECT et INDIRECT

« Ne faites pas ci, ne faites pas ça »	....	9

DISJOINTS

Un autre coup de fil	....	83

RELATIFS

Championnat du Monde de patinage artistique à Boston	....	79
De quel évènement sportif s'agit-il ?	....	31
Destination Boston : préparatifs et voyage de Sophie	....	78
Le cinéma et nous	....	98
Où Léonard partira-t-il en vacances ?	....	147
Quelle est cette star du tennis ?	....	30

VERBES NON-PRONOMINAUX

CONDITIONNEL

PRESENT

Seriez-vous cruciverbiste ?	....	32

CONDITIONNEL et INDICATIF

A quoi Fabrizio pensait-il ?	....	47
Assister au tournoi de Roland Garros	....	77
Défilé de mode	....	113
Les soldes. Quelle histoire !	....	80
Lettre à une écolière	....	17
Question de gastronomie	....	106

GERONDIF...

et PARTICIPE PRESENT

Fabrizio attend d'entrer au restau-U	....	44

et PARTICIPE PRESENT, PASSE COMPOSE du PARTICIPE PRESENT, VOIX PASSIVE

Quelle profession exercer ?	....	50

IMPERATIF

Larguons les amarres !	....	37
« Ne faites pas ci, ne faites pas ça »	....	8

INDICATIF

FUTUR

Seriez-vous cruciverbiste ?	....	32

IMPARFAIT

Connaissez-vous « Alain Parfait » ?	....	35

IMPARFAIT et PASSE COMPOSE

Avoir 17 ans ou l'âge d'or en patinage artistique	130
La nourriture et nous	108
Les souvenirs de jeunesse de Léonard	3

IMPARFAIT, PASSE COMPOSE et PLUS-QUE-PARFAIT

« August Rush » ou la magie de la musique	99

IMPARFAIT et PLUS-QUE-PARFAIT

A la pêche	4

PASSE COMPOSE

Elections présidentielles : le premier débat	119
Un week-end à la campagne	66
« Venu, vu, vaincu »	34

PRESENT

Carpe Diem !	33
La vie universitaire	40
Le cours préféré de Fabrizio	42
Léonard et sa famille	2
Les larmes célestes	138

SUBJONCTIF

PRESENT

Il faut que nous le sachions	36

ou INDICATIF ou INFINITIF

Aux J.O. de Rio	88
Avec un diplôme en poche	20
Décisions, décisions !	51
L'enseignement du basque	84

VOIX PASSIVE

Les jours fériés et les fêtes	14

VERBES PRONOMINAUX

IMPERATIF

Conseils à suivre à la campagne 67
« Ne faites pas ci, ne faites pas ça » 8

INDICATIF (Passé composé, Présent) et INFINITIF
(et quelques verbes non-pronominaux)

Le quotidien dans la famille de Sophie 13

INDICATIF (Présent, Futur), INFINITIF et IMPERATIF

Ville ou campagne ? 105

INDICATIF (Imparfait, Passé composé, Plus-que Parfait, Présent), INFINITIF et IMPERATIF
(et quelques verbes non-pronominaux)

Elections présidentielles : le deuxième débat 122
« Une princesse en liberté » ou le triomphe de l'amour 102

QUEL MODE ? QUEL TEMPS ? A VOUS ☺

A la conquête de l'espace 136
J.O. de Rio : quand le rideau se referme 93
L'Atlantique 159
« L'émission politique » : invité, François Fillon 140
Le Super Bowl de 2017 133
Tant à te raconter ! 139

www.ingramcontent.com/pod-product-compliance
Lightning Source LLC
Chambersburg PA
CBHW040929240426
43667CB00026B/2991